Pedro Waloschek (Hrsg.)

Auf den Spuren des
Architekten Hans Waloschek

Ein Teilbericht über seine Bauten in Deutschland
1928-1933

AF279968

Die Umschlagsbilder stammen aus dem
Nachlass des Architekten Hans Waloschek

Auf den Spuren des Architekten Hans Waloschek

Ein Teilbericht über seine Bauten in Deutschland 1928-1933

Zusammengestellt und
herausgegeben von

Pedro Waloschek

mit Beiträgen vieler
Freunde und Bekannten

Hamburg, April 2009

Impressum

Bibliografische Information Der Deutschen Bibliothek

Die Deutsche Bibliothek verzeichnet diese Publikation in der Deutschen Nationalbibliographie; detaillierte bibliographische Daten sind im Internet über <http://dnb.ddb.de> abrufbar.

1. Auflage, vom Manuskript gedruckt.
Fertiggestellt im April 2009.
Korrekturen und zusätzliche Information sind willkommen
und können an den Herausgeber gerichtet werden.

All rights reserved
Copyright © 2009 Pedro Waloschek,
Achter Lüttmoor 45, D - 22559 Hamburg
Tel.: 040-815431, Internet-Kontakt, s. www.waloschek.de

Alle Rechte vorbehalten. Dieses Werk sowie alle seine Teile sind urheberrechtlich geschützt. Jede Verwertung in anderen als den gesetzlich zugelassenen Fällen ist ohne vorherige schriftliche Zustimmung der Inhaber der Rechte nicht zulässig.

Paperback, 17 x 22 cm, 152 Seiten, 167 Abb.
Satz, Layout, Umschlaggestaltung und Vorbereitung für den digitalen Druck:
Atelier OpaL Productions – Hamburg

Herstellung und Verlag: Books on Demand GmbH, Norderstedt

Im Buchhandel und Interntet-Shops zu bestellen (Ladenpreis: 12,- Euro).

ISBN 978-3-8370-9416-9

Auf den Spuren des Architekten Hans Waloschek

Ein Teilbericht über seine Bauten in Deutschland
1928-1933

Inhalt

Vorwort des Herausgebers

Im vorliegenden Bericht werden Bauten beschrieben, die nach Entwürfen und unter der Leitung des Architekten **Hans Waloschek** (mein Vater) in den Jahren 1928 bis 1933 in Deutschland durchgeführt wurden. Die Daten sind besonders für technisch oder künstlerisch interessierte Leser zusammengestellt. Mehr über das Leben meines Vaters findet man dagegen in seiner schon veröffentlichten Biographie **[WP08a]**.

Schon in meiner Jugendzeit hatte mir mein ansonsten recht schweigsamer Vater in langen Abendspaziergängen und mit viel Begeisterung über einige seiner modernen Bauten in Deutschland erzählt, darunter vor allem das **VOLKSHAUS Riesa,** die **Großsiedlung Dresden-Trachau** und die angrenzenden **Häuser an der Sonnenlehne**. In Gegenwart Anderer wurde aber nie darüber gesprochen. Es regte ihn zu sehr auf, wenn er an die Vertreibung durch die Nationalsozialisten 1933 erinnert wurde. Erst nach seinem Tode (1985) habe ich es gewagt die von ihm erwähnten Bauten aufzusuchen. Das VOLKSHAUS war eine russische Kaserne und die Großsiedlung recht verwahrlost. Nur die Häuser an der Sonnenlehne hätten seinen Vorstellungen entsprochen. Für weitere Recherchen über diese Bauten sah ich damals keine Möglichkeiten.

Die Lage änderte sich 1994, als mich der Architekt Dipl.-Ing. **Karl-Heinz Löwel** (Dresden) auf den kunsthistorischen Wert der oben erwähnten Bauten aufmerksam gemacht hat. Herr Löwel beschäftigte sich seit vielen Jahren mit der Geschichte des Siedlungsbaues (sozialer Wohnungsbau) in Sachsen. Zu seinen Erkenntnissen zählte die Tatsache, das der Bau eines guten Teiles der Großsiedlung Dresden-Trachau, die heute als Sehenswürdigkeit betrachtet wird, 1928 bis 1932 von Hans Waloschek geplant und geleitet wurde. Durch die späteren politischen Ereignisse ist das in Vergessenheit geraten und der Bau der Siedlung wurde irrtümlicherweise dem Architekten **Hans Richter** zugeschrieben. Dies sollte nun richtiggestellt werden.

Auch in diesem Sinne hat der leider viel zu früh verstorbene Historiker **Horst R. Rein** (Dresden) 1999 eine Feier in der Großsiedlung Dresden-Trachau organisiert. Es wäre der 100. Geburtstag meines Vaters gewesen. Zusammen mit seinem Freund **Klaus Brendler** (Dresden), hat mich Horst R. Rein, wo immer es möglich war, bei der weiteren Suche nach Information über die Bauten meines Vaters aktiv unterstützt.

Eine wichtige Grundlage bei der Zusammenstellung der Daten war dann der umfangreiche Nachlass meiner Eltern, den zum größten Teil erst 2001 meine Schwester **Jutta** in ihrer Wiener Wohnung entdeckt hat **[WaHH]**.

Wie mir Architekt Löwel erläutert hat, werden die erwähnten Bauten meines Vaters heute dem Stil der „Neuen Sachlichkeit" zugeordnet (auch „Neues Bauen", „Klassische Moderne" oder „BAUHAUS-Stil" genannt). Die beiden Siedlungen in Trachau waren in dieser Richtung sogar die ersten Flachdachbauten in Dresden überhaupt! Das VOLKSHAUS Riesa entspricht besonders genau den Vorstellungen der genannten Stilrichtung. Letzteres hat mich veranlasst 2001 eine Informationsschrift mit dem Titel „Das VOLKSHAUS RIESA und sein Architekt" **[WP01]** zu veröffentlichen. Wichtigster Teil davon ist eine Beschreibung des VOLKSHAUSES aus dem Jahr 1930, die mein Vater selbst verfasst hat. Im Jahr 2007 habe ich dann einen weiteren Bericht mit dem Titel „Der schlaue Turm von Riesa – Wissenswertes über den VOLKSHAUS-Bau 1928-1932" **[WP07]** herausgegeben (s. Kurzfassungen in 1.1 und 1.2).

Über die Großsiedlung Dresden-Trachau und ihre vollständige Sanierung wurde in der Zwischenzeit ein sehr schönes Buch von der Wohnungsgenossenschaft Trachau-Nord (WGTN) und vom Deutschen Werkbund Sachsen veröffentlicht **[St00]**, in dem Karl-Heinz Löwel auch über die Baugeschichte der Großsiedlung ausführlich berichtet **[Lo00]** (s. Zusammenfassung in 1.3.).

Wie schon in der Biographie meines Vaters **[WP08a]** wurden auch hier wichtige Begriffe oder Namen an bestimmten Stellen **fett gedruckt** hervorgehoben, genau wie ich es im Manuskript (eigentlich nur für mich) nützlich fand.

Bei der Sammlung von Information über die Bauten meines Vaters haben mir viele Menschen geholfen. Schon erwähnt habe diesbezüglich die Herren **Karl-Heinz Löwel**, **Horst R. Rein**, und **Klaus Brendler** – und meine Schwester **Jutta**. Weitere Namen habe ich hier in alphabetischer Ordnung aufgelistet – in der Hoffnung, keinen vergessen zu haben: **Dr. Kirsten Baumann** (Dessau), **Heike Berthold** (Riesa), **Silke Dähmlow** (Berlin), **Dr. med. Dieter Frank** (Riesa), **André Greif** (Dresden), **Dipl.-Ing. Wolfgang Grimm** (Riesa), **Michael Härtel** (Schönheide), **Helmut Härtelt** (Meißen), **Thorsten Jungfer** (Dresden)**, Dirk Kaden** (Berlin), **Dr.-Ing. Ludwig Jenchen** (Dresden-Wölfnitz), **Dr.-Ing. Claus-Dirk Langer** (Meißen), **Gert-R. Lechner** (Dresden), **Katleen Neubert** (Dessau), **Dipl.-Ing. Maria Obenaus** (Dresden), **Marita Prätzel** (Riesa), **Renate Schulze** (Dresden), **Dipl.-Ing. Walter Steglich** (Dresden). Bei allen möchte ich mich an dieser Stelle herzlichst bedanken!

Weitere Information, Korrekturen oder Bemerkungen werden dankbar entgegengenommen (wie schon im Impressum erwähnt) und können in einer späteren Auflage berücksichtigt werden.

Pedro Waloschek,
Hamburg, im April 2009

1 DEWOG/GEWOG-Bauten.

*„Auf der Suche nach einem Wirkungsfeld auf dem Gebiet des Wohnungs- und Siedlungswesens kam ich 1926 über Empfehlung des Bundes der Technischen Angestellten in Wien zu dem damaligen Direktor der gewerkschaftseigenen Deutschen Wohnungsfürsorgegesellschaft für Beamte, Angestellte und Arbeiter ‚Dewog' in Berlin, Herrn Architekten **Richard Linneke**, der mich an den Berliner Architekten **Willi E. Ludewig** als Mitarbeiter empfahl."*

Mit diesen Worten hat Architekt Hans Waloschek seine Ankunft in Deutschland selbst beschrieben. Er wurde tatsächlich von Willi Ludewig (1902-1963) eingestellt, der sich gerade ein neues, recht großzügiges Atelier eingerichtet hatte. Ludewig wurde als einer der Vertrauensarchitekten der DEWOG-Gruppe betrachtet und hatte damals schon fünf Angestellte.

Wie Ludewig in einem später erstellten Zeugnis bestätigt, war Hans Waloschek vom 15. Februar 1927 bis zum 29. Februar 1928 in seinem Berliner Büro als Architekt tätig. *„Er beschäftigte sich mit dem Entwurf und der Darstellung meiner Projekte für den Neubau der **Ortskrankenkasse in Brandenburg/H.** und zahlreiche Wohnungs- und Siedlungsbauvorhaben, u.a. in **Brandenburg/H., Luckenwalde, Senftenberg, Guben, Velten, Gr. Räschen, Teltow, Frankfurt a/Oder.**"*

Bei ihren Recherchen über das Leben von Willi Ludewig hat Frau **Silke Dähmlow** (Berlin) [Da00] [Da01] entdeckt, dass Hans Waloschek auch damalige Pläne der Siedlung **Luckenwalde** unterzeichnet hat. Diese Bauten werden aber als Entwürfe des Chefarchitekten Willi Ludewig betrachtet, wie das in Architekturbüros durchaus üblich ist. Deshalb werden die von Waloschek bei Ludewig betreuten Bauten hier nicht berücksichtigt.

Waloscheks erfolgreiche Tätigkeit bei Ludewig hat dazu geführt, dass er am 1. März 1928 von der DEWOG übernommen wurde. Sein erster Auftrag bestand in der Gründung einer Tochtergesellschaft in Dresden mit dem Namen „Gemeinnützige Wohnung- und Heimstätten-Gesellschaft für Arbeiter, Angestellte und Beamte m.b.H.", kurz **GEWOG-Dresden**.

Die gewaltige gewerkschaftseigene Organisation DEWOG wurde Anfang der Zwanziger Jahre von dem bekannten Architekten Dr. Ing. **Martin Wagner** (1885-1957) in Berlin aufgebaut. Er war bis 1926 auch ihr Direktor. Unter seiner Leitung wurden viele DEWOG-Niederlassungen und Tochterfirmen gegründet, so zum Beispiel in Hamburg, Königsberg, Breslau, Frankfurt/Main und München und später viele mehr. Die Tätigkeit der Gesellschaften der DEWOG-

Gruppe wurde von den sozialdemokratischen Gewerkschaften und von den ihnen nahe stehenden Banken tatkräftig unterstützt. Das Jahresprogramm der DEWOG im Jahr 1929 bestand zum Beispiel aus 8000 gebauten oder betreuten Wohneinheiten. Martin Wagner hat mit berühmten Architekten zusammengearbeitet, so zum Beispiel mit **BAUHAUS**-Gründer **Walter Gropius**, mit **Hugo Häring**, **Mies van der Rohe**, **Hans Bernard Scharoun** und mit den Brüdern **Bruno** und **Max Taut**.

Als Martin Wagner 1926 Stadtbaurat von ganz Berlin wurde, hat sein langjähriger Assistent und Sekretär Architekt **Richard Linneke** seine Nachfolge als Direktor der DEWOG-Gruppe übernommen. Linneke hatte schon seit 1924 leitende Positionen in verschiedenen Organisationen die der DEWOG nahe standen. Es war Linneke, der im März 1928 Waloschek beauftragt hat, in Dresden die **GEWOG-Dresden** zu organisieren. Dabei wurde die Geschäftsleitung dem bekannten Kommunalpolitiker **Richard Rösch** anvertraut. Die technische Leitung übernahm Waloschek selbst.

Am 1. April 1930 wurden dann die Aufgaben neu definiert: Hans Waloschek wurde Leiter einer neuen **„Zweigniederlassung Sachsen der DEWOG-Berlin"** (mit Sitz in Dresden), mit einer **Nebenstelle in Leipzig**. Der Wirkungskreis erstreckte sich *„auf den Freistaat Sachsen, die Provinz Sachsen und Anhalt"*. Gleichzeitig wurde Waloschek ehrenamtlicher Geschäftsführer der GEWOG-Dresden, in der Richard Rösch weiterhin hauptamtlicher Geschäftsführer blieb. Der Sitz der Gesellschaften wurde aus dem Stadtinneren in die Großsiedlung Dresden-Trachau verlegt (Kopernikusstraße 74).

In Hinblick auf die bevorstehende Enteignung durch die Nationalsozialisten haben Ende Oktober 1932 die DEWOG und die GEWOG-Dresden ihre Bautätigkeit in Sachsen eingestellt. Entsprechend wurden Hans Waloschek die auf den folgenden Seiten gezeigten **Entlassungszeugnisse** ausgestellt (Originale in **[WaHH]**). Beide enthalten Listen der unter der Leitung von Hans Waloschek durchgeführten Bauten. Nur ein Teil davon konnte bis jetzt identifiziert werden. Die zur Zeit (März 2009) dem Herausgeber darüber bekannte Information wird im Vorliegenden zusammengefasst, wobei allerdings auch andere Quellen berücksichtigt wurden. Es gibt Hinweise auf einen Bau in **Meißen** (Spar- und Baugenossenschaft, Ossietzkystr. 47-49), auf ein Mehrfamilienhaus in **Freiberg** (Moritz-Braun-Str.) und auf einen Wohnblock in **Leipzig-Schkeuditz**. Über weitere im Nachlass von Hans Waloschek erwähnte Bauvorhaben (zum Beispiel in **Chemnitz, Lugau, Plauen/V, Rosswein, Stollberg** und **Weissenfels**) liegt dem Herausgeber zur Zeit keine Information vor.

DEWOG

DEUTSCHE WOHNUNGSFÜRSORGE A.-G.
FÜR BEAMTE, ANGESTELLTE u. ARBEITER, BERLIN S14
MÄRKISCHES UFER 34

Fernsprecher:
F 7 Jannowitz
3387 und 4604

Bank-Konto: Bank der Arbeiter, Angestellten und
Beamten, A.-G., Berlin S 14, Wallstr. 65 • Postscheck:
Berlin 33695 • Telegr.-Adresse: Dewogbau Berlin

Betrifft: Unser Zeichen: I/E.   Ihr Zeichen: Tag: 21.10.1932

Z e u g n i s .

Herr Hans W a l o s c h e k war uns aus seiner
früheren Tätigkeit bei dem Vertrauensarchitekten einer unserer
Tochtergesellschaften und als Geschäftsführer der "Gewog" Gemeinnützige Wohnungs-und Heimstättengesellschaft für Arbeiter, Angestellte und Beamte m.b.H., Dresden, deren Majorität in unseren
Händen ist, bereits seit Jahren bekannt.

Als sich im Jahre 1930 für uns die Notwendigkeit
ergab, eine Zweigniederlassung in Dresden zu errichten, haben wir
mit Wirkung vom 1. April 1930 Herrn Hans Waloscheck in Gemein -
schaft mit einem anderen Herrn die Leitung der Zweigniederlassung
Sachsen in Dresden übertragen. Von der Zweigniederlassung wurde
eine Nebenstelle in Leipzig errichtet, die der Kontrolle der Dres-
dener Herren unterstand. Der Wirkungskreis der Zweigniederlassung
Sachsen in Dresden und damit auch der des Herrn Waloschek erstreckte sich auf den Freistaat Sachsen, die Provinz Sachsen und Anhalt.

In seiner Eigenschaft als technischer Leiter der
Dewog-Zweigniederlassung Sachsen unterstand Herrn Waloschek die
Leitung und Ueberwachung der künstlerischen, technischen und auch
kaufmännischen Arbeiten einschliesslich des bezirklich zu erledi -
genden Teils der Hypotheken-und Zwischenkreditbeschaffung und
Finanzierung, ferner der Rentabilitätsprüfung und der Mietenkal-
kulation.

Zu seinem Aufgabengebiet gehörte auch die Beratung
und Betreuung von Gemeinden, Baugesellschaften und Baugenossen -
schaften in allen Fragen des Wohnungs-und Siedlungswesens.

- 2 -

Unter Leitung des Herrn Waloschek fanden folgende Bauausführungen statt:

die Grossiedlung Dresden-Trachau, projektiert mit rund 1 000 Wohnungen, ausgeführt mit vorläufig rd. 520 Wohnungen, alle mit Fernheizung, zentraler Warmwasserversorgung und maschineller Wäschereianlage,

die Jahrtausendsiedlung in Meissen,

die Siedlung Dessau-Törten mit Narag-Heizung,

mehrere Wohnhausbauten und Siedlungen in Riesa, Stollberg, Lugau, Rosswein, Plauen, Gittersee, Leipzig-Schkeuditz, Weissenfels,

der Volkshausneubau in Riesa.

Herr Waloschek hat alle ihm übertragenen Aufgaben mit besonderem Geschick und grossem Fleiss zu unserer vollsten Zufriedenheit erledigt. Sein besonders liebenswürdiges Wesen kam ihm im Verkehr mit den Behörden und den betreuten Gemeinden, Baugesellschaften und Baugenossenschaften sehr zustatten.

Mit Rücksicht auf die infolge Erlahmung des Wohnungneubaus notwendig gewordene Stillegung unserer Zweigniederlassung Sachsen in Dresden sind wir leider gezwungen, uns von Herrn Waloschek mit Wirkung zum 31. Oktober 1932 zu trennen.

Wir können Herrn Waloschek für eine der ausgeübten Tätigkeit entsprechende Stellung bestens empfehlen und wünschen ihm für die Zukunft alles Gute.

DEWOG
Deutsche Wohnungsfürsorge A.-G.
für Beamte, Angestellte u. Arbeiter

GEWOG

GEMEINNÜTZIGE WOHNUNGS- UND HEIMSTÄTTENGESELLSCHAFT FÜR ARBEITER, ANGESTELLTE UND BEAMTE G.M.B.H. DRESDEN

GEWOG DRESDEN
KOPERNIKUSSTRASSE 72

TOCHTERGESELLSCHAFT DER DEWOG,
DEUTSCHE WOHNUNGSFÜRSORGE A.-G.
FÜR BEAMTE, ANGESTELLTE UND ARBEITER

FERNSPRECHER
56120
55030

BANK-KONTO:
BANK DER ARBEITER,
ANGESTELLTEN UND
BEAMTEN, A.-G., FILIALE
DRESDEN, MAXSTR. 17
POSTSCHECKKONTO:
DRESDEN 111551

BETRIFFT: IHR ZEICHEN: UNSER ZEICHEN: TAG:
1.Nov.1932

Z e u g n i s .

Herr Architekt Hans **W a l o s c h e k** , geboren am
13.Juli 1899 in Wien, war bei uns vom 1.März 1928 bis zum
31.Oktober 1932 in leitender Stellung und zwar bis zum 31.März
1930 als hauptamtlich angestellter und von da ab als ehrenamtlicher Geschäftsführer der Gesellschaft tätig. Während der Zeit
seiner ehrenamtlichen Geschäftsführung war Herr W. hauptamtlich
angestellter Leiter der Zweigniederlassung Sachsen unserer Muttergesellschaft " D e w o g " Berlin, und hat auch in dieser
Eigenschaft fast ausschließlich für unsere Gesellschaft gear-
beitet.

Neben der verantwortlichen Mitarbeit in der allgemeinen
Geschäftsführung hatte Herr W. insbesondere die
Einrichtung des technischen Betriebes,
Leitung des Entwurfs- und Bauleitungsbüros, ferner die
Werbung und Betreuung fremder Bauherrschaften (Bau-
und Siedlungsgenossenschaften, Gemeinden, Volkshaus-
gesellschaften usw.)
Landbeschaffung, Finanzierung, Entwurf, Bauoberleitung
und Bauabrechnung
in Händen.

Bl.2

00. 12. 31.

Herr Waloschek hat sich während seiner Tätigkeit bei
uns als zuverlässiger, rasch und sicher disponierender Ge -
schäftsführer, als geschickter Verhandlungsführer und als
hervorragende Kraft in Entwurf und Bauleitung erwiesen. Er
hatte sich daher auch in kurzer Zeit in den Kreisen namhafter
Architekten, Baufachleuten und Wohnungspolitikern Anerkennung
und einen guten Namen erworben. Sein Ausscheiden aus der Leitung unserer Gesellschaft erfolgt lediglich wegen der durch
die allgemeine Wohnungsbaupolitik bedingten Umstellung unseres
Betriebes und infolge der Aufgabe weiterer Eigen - und Betreu-
ungsbauten.

Auf Grund seiner hervorragenden fachlichen und mensch-
lichen Qualifikation können wir Herrn Waloschek sowohl für
leitende Stellungen in einschlägigen Betrieben als auch für
die Ausführung aller Entwurfs - Bauleitungs - und Betreuungs-
aufträge für Wohnungs - und Zweckbauten empfehlen. Wir wünschen
ihm für seine fernere Tätigkeit den besten Erfolg.

Gemeinnützige Wohnungs- u. Heimstättengesellschaft
für Arbeiter, Angestellte u. Beamte
mit beschränkter Haftung „Gewog" in Dresden.
Dresden-N. 23, Kopernikusstraße 74

Der Vorsitzende des Aufsichtsrates

<u>**A n l a g e**</u> zum Zeugnis für Herrn Hans **W a l o s c h e k .**

Unter der Leitung des Herrn Arch. Hans Waloschek wurden durch unsere Gesellschaft folgende Bauten ausgeführt:

1928	158 Einfamilienhäuser in Dresden und Freiberg
1929	600 Wohnungen in Mehrfamilienhäusern in Dresden,Meissen, Riesa und Gittersee
1930	Volkshausneubau in Riesa, Arbeiterheim Schönheide, 56 Einfamilienhäuser in Dresden, Schützenhofstraße, Fortsetzung der 1929 begonnenen Großsiedlung in Dresden-Trachau mit Fernheizung, Warmwasserversorgung und Zentralwäscherei Wohnungsbauten in Chemnitz, Stollberg, Lugau,Plauen/V. und Rosswein Fortsetzung der Jahrtausendsiedlung Meissen
1931 u. 1932	Fortsetzung der Wohnungsbauten in Dresden-Trachau, Meissen und Stollberg ferner grössere Wohnungsbauten in Leipzig, Weissenfels und die Siedlung Dessau-Törten (224 Wohnungen) für die Miwog.

Gemeinnützige Wohnungs- u. Heimstättengesellschaft
für Arbeiter, Angestellte u. Beamte
mit beschränkter Haftung „Gewog" in Dresden.
Dresden-N. 23, Kopernikusstraße 74

Der Vorsitzende des Aufsichtsrates

15

1.1 Das VOLKSHAUS Riesa

Viele Informationen über dieses wahrscheinlich bedeutendste Werk des Architekten Hans Waloschek findet man in den beiden Büchlein: **„Das VOLKSHAUS RIESA und sein Architekt"** **[WP01]**, und **„Der schlaue Turm von RIESA - Wissenswertes über den VOLKSHAUS-Bau"** **[WP07]**. Im Folgenden werden die wichtigsten darin enthaltenen Daten zusammengefasst. Seit 2007 befinden sich die Bauunterlagen und Baupläne des unter Denkmalschutz stehenden Volkshauses im **Stadtarchiv in Riesa** (Goethestraße 66) und können dort eingesehen werden.

Das **Volkshaus Riesa** entspricht in seiner Form und Funktionalität den Kriterien die vor allem in den 20er Jahren des vorigen Jahrhunderts eingeführt wurden und heute oft als „Neue Sachlichkeit" oder auch als „Bauhaus-Stil" bezeichnet werden. Es war für den Architekten *„selbstverständlich, dass das Volkshaus als reiner Zweckbau mit keinerlei Ornamentik belastet wurde, sondern den modernen Grundsätzen nach einfacher klarer Architektur entspricht"*.

Am 5. Januar 1928 hatten 14 Organisationen und Firmen in Riesa die **„Volkshaus Riesa G.m.b.H."** in das Handelsregister eingetragen und mit einem Stammkapital von 20.500 Reichsmark versehen. Ziel war es, das schon länger geplante Volkshaus tatsächlich zu bauen. Der Vorstand der G.m.b.H. waren **Alfred Kiß** und **Oskar Waltz**, im Aufsichtsrat waren **Hermann Eichler, Paul Fiedler, Gustav Gäde, Karl Kamp, Richard Mehlhose und Max Teubner.** Kiß war damals auch Sekretär des Ortsausschusses Riesa des ADGB, des „Allgemeine Deutsche Gewerkschaftsbundes". Er schrieb später (1930) in einer ausführlichen **„Festschrift zur Eröffnung des Volkshauses Riesa" [Vo30]** über das geplante Vorhaben:

„Entwurf und Bauleitung ist der Gemeinnützigen Wohnungs- und Heimstättengesellschaft für Arbeiter; Angestellte und Beamte, G.m.b.H., Dresden – einem Unternehmen der freien Gewerkschaften – übertragen worden. Diese hat das aufgestellte Programm, ein Volkshaus, welches geeignete Büros für die Gewerkschaften, Volksfürsorge usw., Sitzungs- und Versammlungszimmer, Gesellschaftsräume, Fremdenzimmer und Wohnungen enthält und dabei so gebaut ist, dass jederzeit ohne große Umbauten Erweiterungen vorgenommen werden können, insbesondere ein großer Saal angebaut werden kann, unter Leitung des Architekten, Genossen Waloschek, glänzend gelöst."

Schon vor dem Bau des Volkshauses hatte die Stadt Riesa einen Wettbewerb ausgeschrieben für die *„Städtebauliche Ausgestaltung des Stadtteils vor dem geplanten neuen Bahnhofsgebäude in Riesa a.d. Elbe"*. Mitglieder des Preisgerichts waren die bekannten Architekten **Genzmer**, **Gropius** und

Paul Wolf [BR91]. Diese Pläne wurden nie realisiert. Im Nachlass von Hans Waloschek befinden sich aber zwei Zeichnungen, datiert 1930, die einen Vorschlag der GEWOG-Dresden zu solch einem anspruchsvollen Vorhaben enthalten. Das damals schon existierende Volkshaus ist darin eingezeichnet und war Teil der Planung. BAUHAUS-Gründer Gropius und auch der Dresdner Stadtrat Paul Wolf, befürworteten den modernen Baustil und haben wahrscheinlich Waloschek schon bei der Wahl der Stilrichtung für das Volkshaus stark beeinflusst. Waloschek war ja von den Ideen und Theorien von Walter Gropius sehr beeindruckt und hatte damals (nach eigenen Aussagen) mehrere seiner Vorträge im BAUHAUS angehört.

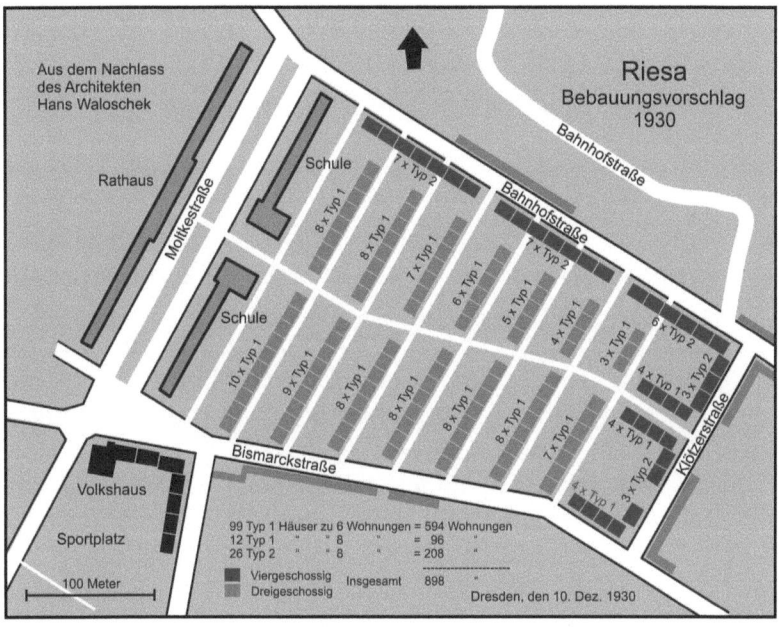

Oben der Vorschlag der GEWOG-Dresden für die Bebauung der Riesaer Bahnhofsgegend, unten ein Blick auf das Volkshaus aus der Molkestraße, die heutige Berliner Straße.

Es wurde ursprünglich in mehrereren Stadtteilen nach einem geeigneten Grundstück für das Volkshaus gesucht. Der „Volkshaus Riesa G.m.b.H." wurden schließlich 4000 Quadratmeter an der Bismarckstraße (heute Rudolf-Breitscheid-Straße), vor dem damaligen Sportgelände „Schwarzer Platz", von der Stadt Riesa „in Erbpacht" zur Verfügung gestellt.

Für den ersten Bauabschnitt des Volkshauses wurden 300.000 RM veranschlagt, die (laut Kiß) folgendermaßen zustande kamen:

- Hypothek der Stadtsparkasse .... 120.000 RM
- Wohnungsbauhypothek .... 24.000 RM
- Hypotheken Privater .... 90.000 RM
- Stammkapital der Volkshaus Riesa G.m.b.H .... 20.500 RM
- Volkshaus Baufonds der Gewerkschaften .... 27.500 RM
- Zuschussverpflichtungen der Gewerkschaften .... 30.000 RM
- Volkshausbauanleihe .... 20.000 RM

Summe .... 332.000 RM

Der überschüssige Betrag sollte für die Inneneinrichtung verwendet werden.

Ein Satz Baupläne trägt das Datum 9. Juli 1929 und wurde von Waloschek und Rösch (Entwurf und Bauleitung) für die **GEWOG-Dresden** unterzeichnet. Bauausführung hat die Firma **„Louis Schneider, Komm.-Ges."** übernommen und Bauleiter war Herr **Rudolf Vieweg**.

Am 27. Juli 1929 wurde bei einer großen Feier der Grundstein in den schon ausgeschachteten Keller gelegt. Es waren über 800 Personen anwesend, darunter auch Vertreter der städtischen Behörden und politischen Organisationen. Am 1. März 1930, nach einer Bauzeit von nur neun Monaten, wurde das Volkshaus Riesa eingeweiht. Es wurde damals eine beachtenswerte Festschrift publiziert (s. Faksimile in **[WP01]**).

Wie auch andere Volkshäuser, die von Parteien, Gewerkschaften und anderen Organisationen (nicht nur sozialdemokratischer Prägung) in Deutschland gebaut wurden, hat auch das Volkshaus Riesa einen vielseitigen Charakter. Es war unter anderem als Hotel, Restaurant und für Veranstaltungen verschiedenster Art vorgesehen und eingerichtet.

Im Erdgeschoss war ein Gästezimmer (Restaurant) mit Küche für 60 Personen, daneben ein Sitzungszimmer und auch noch ein großer von außen zugänglicher Laden, mit eigenem Keller und einem Raum für den Geschäftsführer, der allerdings 1930 in ein Kaffeehaus umgewandelt wurde.

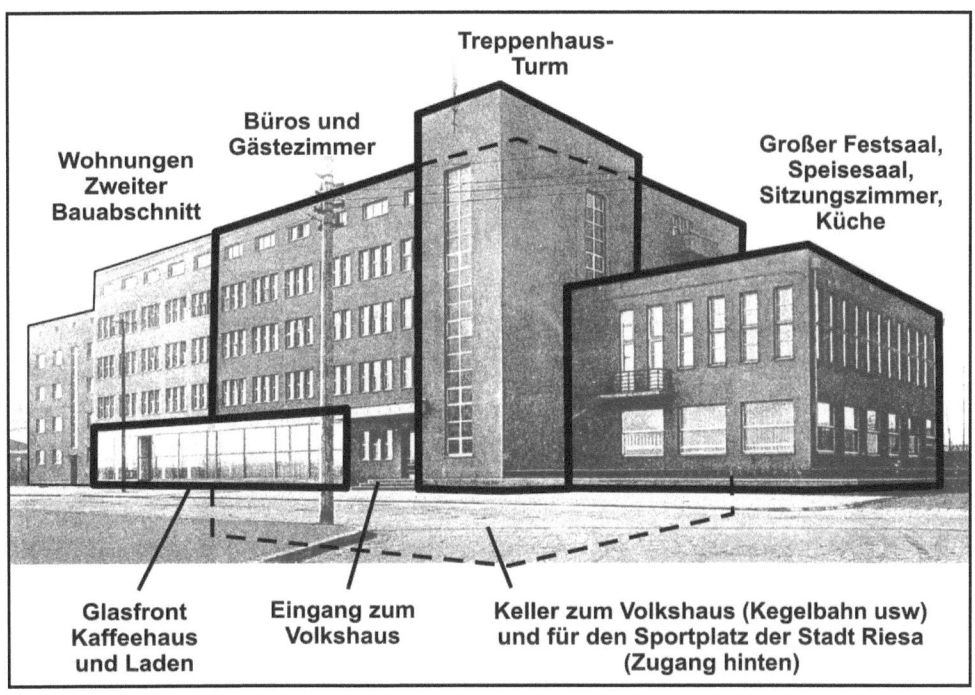

Treppenhaus-Turm

Büros und Gästezimmer

Wohnungen Zweiter Bauabschnitt

Großer Festsaal, Speisesaal, Sitzungszimmer, Küche

Glasfront Kaffeehaus und Laden

Eingang zum Volkshaus

Keller zum Volkshaus (Kegelbahn usw) und für den Sportplatz der Stadt Riesa (Zugang hinten)

Die klar sichtbare Aufteilung der Funktionen im Volkshaus Riesa. Die links gezeigten „Wohnungen", die darunter liegende Erweiterung des Kaffeehauses und ein weiterer Laden (Glasfront) wurden erst ab 1930 angebaut.

Erhaltenes Kännchen aus dem Kaffeehaus/Restaurant des Volkshauses.
Foto Heike Berthold.

Im Keller gab es neben Heizungsräumen, einer Kegelbahn und Lagerräumen auch Umkleideräume und Bäder, die der Stadt Riesa unentgeltlich für Benutzer des schon damals danebenliegenden Sportplatzes (der „Schwarze Platz") zur Verfügung standen.

Im ersten Obergeschoß befindet sich ein großer Festsaal für 250 Personen neben einem Erfrischungsraum mit Anrichtsraum und 10 Büroräume. In den oberen Stockwerken waren unter anderem weitere Sitzungszimmer und 12 Gästezimmer untergebracht.

In der Planung der „Volkshaus Riesa G.m.b.H." waren ein **zweiter** und auch ein **dritter Bauabschnitt** vorgesehen. Der zweite sollte aus einem

Wohnungsblock mit 38 „*neuzeitlichen und gesunden Wohnungen*" bestehen, die tatsächlich 1931 gebaut und dann 1932 noch erweitert wurden (s.1.2).

Es sind keine genaueren Pläne für den dritten ursprünglich geplanten Bauabschnitt bekannt. Wichtigster Teil war eine **noch größere Halle** für Veranstaltungen. Dieser dritte Abschnitt wurde nicht mehr realisiert. Auch der in den ursprünglichen Zeichnungen vorgesehene vertikale Schriftzug „VOLKS-HAUS" (in BAUHAUS-Manier) wurde wohl nie angebracht, da er auf keinem der späteren Fotos zu sehen ist.

Das Volkshaus hat nach seiner Fertigstellung kaum drei Jahre lang seinen ursprünglichen Zweck erfüllt. Im März 1933 wurde es mit dem angeschlossenen Wohnblock von den Nationalsozialisten übernommen und wahrscheinlich der Deutschen Arbeitsfront unterstellt. Die Wohnungen wurden dann an politisch „einwandfreie" Bürger vermietet.

Angeblich wurden im Volkshaus damals auch politische Häftlinge untergebracht, verhört und gefoltert, wie zum Beispiel der politiker **Karl Kamp** (1889-1960), der dort vier Wochen in sogenannter „Schutzhaft" festgehalten wurde **[FD05]**. Es ist aber schwer, diese Berichte heute zu bestätigen. Passanten sollen Schreie der gefolterten Gefangenen gehört haben. Eine andere Zeitzeugin, die damals in den anliegenden Wohnungen wohnte (!), behauptete insistent, nie solche Geräusche gehört zu haben.

Maquette der ursprünglichen Planung des Volkshauses mit den später möglichen Ausbaustufen. Den 2. Abschnitt hat die GEWOG-Dresden schon 1931 gebaut. Der 3. Abschnitt (rechts, großer Festsaal) wurde nie realisiert.

Die erste Ausbaustufe des Volkshauses im Jahr 1930. Foto aus dem Nachlass des Architekten Hans Waloschek.

Zustand 1999. Foto Pedro Waloschek.

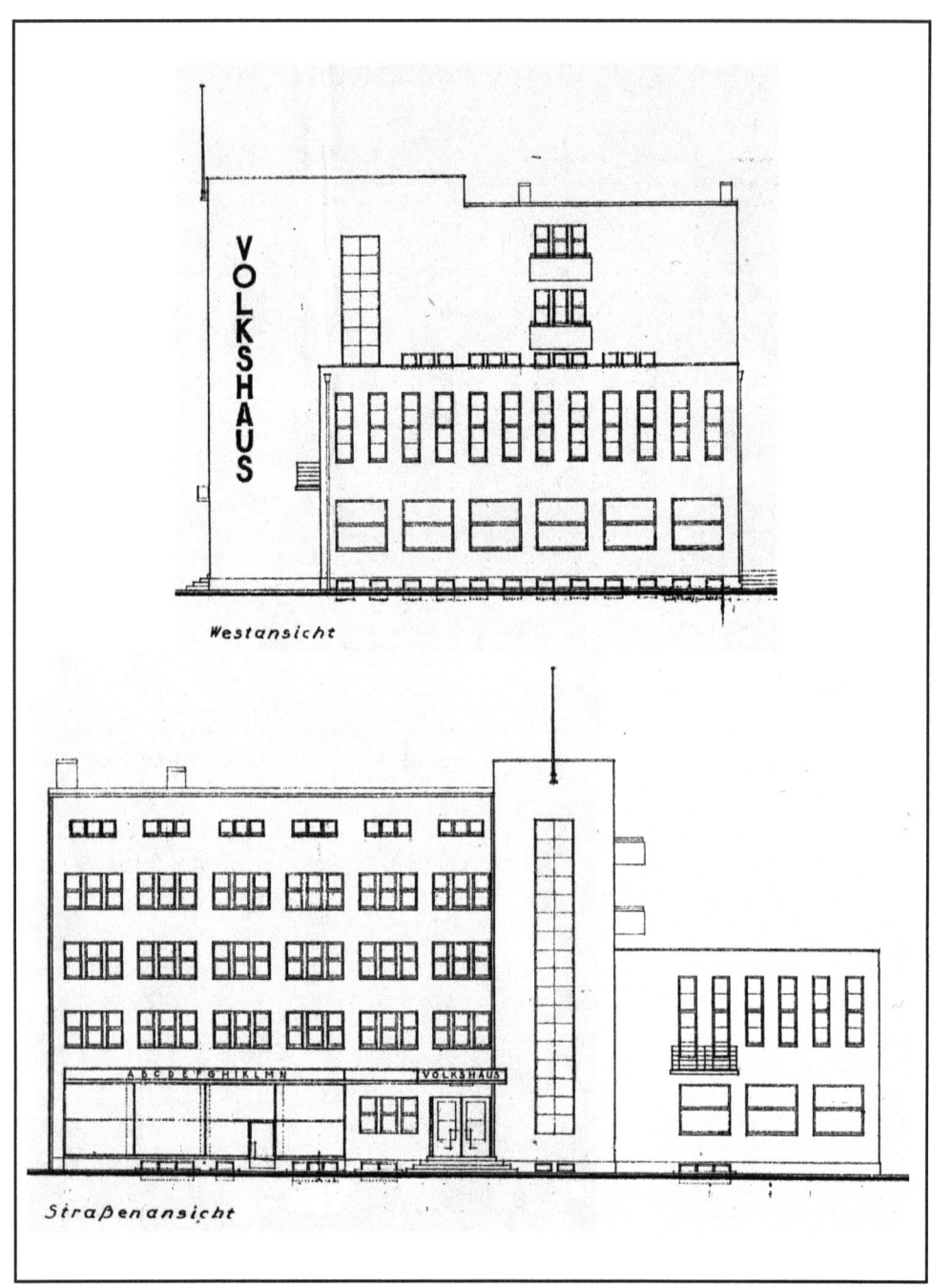

Westansicht

Straßenansicht

Ansichten der ersten Ausbaustufe des Volkshauses (Pläne von 1929).

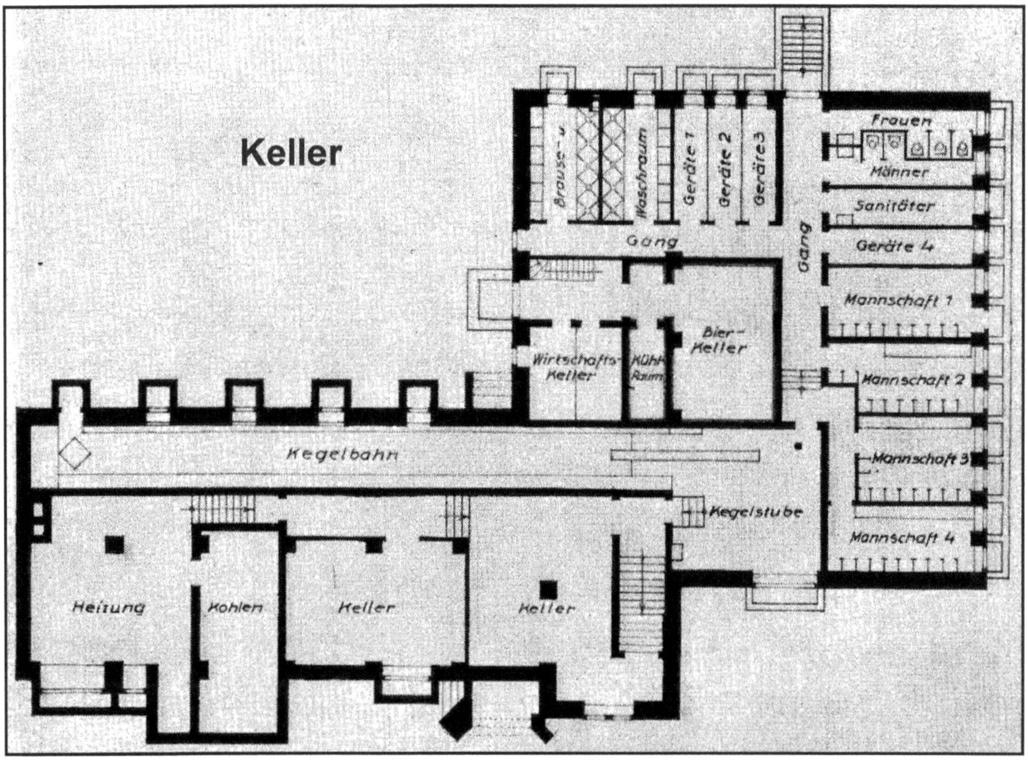

Keller

- Brause
- Waschraum
- Geräte 1
- Geräte 2
- Geräte 3
- Gang
- Gang
- Frauen
- Männer
- Sanitäter
- Geräte 4
- Mannschaft 1
- Mannschaft 2
- Mannschaft 3
- Mannschaft 4
- Wirtschafts-Keller
- Kühl-Raum
- Bier-Keller
- Kegelbahn
- Kegelstube
- Heizung
- Kohlen
- Keller
- Keller

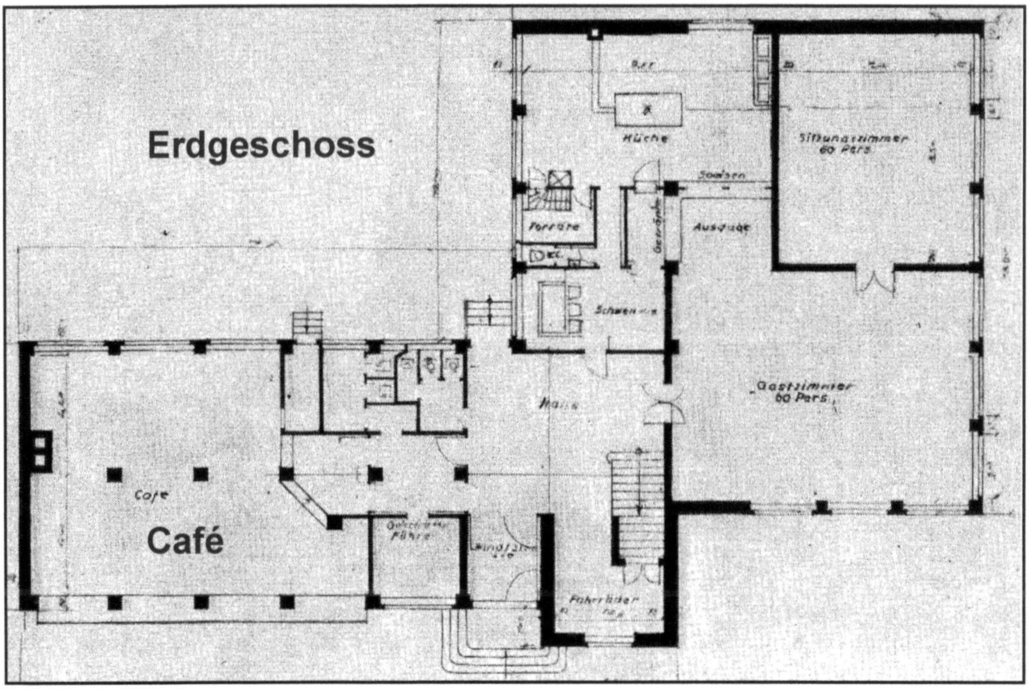

Erdgeschoss

- Büro
- Küche
- Vorrate
- WC
- Schwemm
- Halle
- Sitzungszimmer 60 Pers.
- Speisen
- Ausgabe
- Gastzimmer 60 Pers.
- Café
- **Café**
- Garderobe Führer
- Kindzim
- Fahrstuhl

23

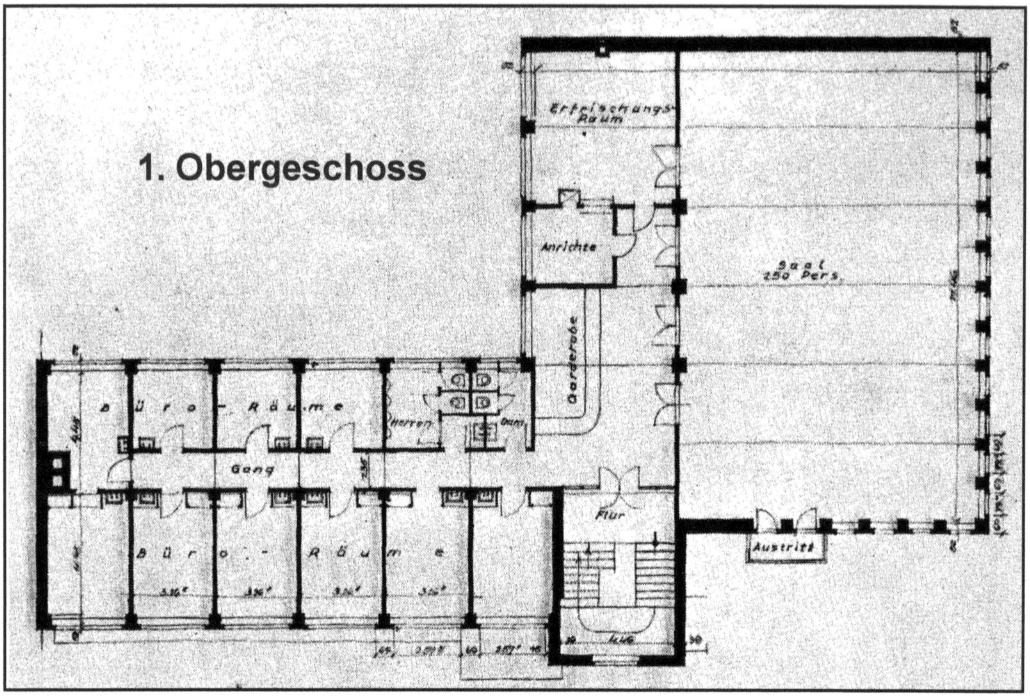
1. Obergeschoss
Erfrischungs-Raum
Anrichte
Saal
250 Pers.
Garderobe
Büro-Räume
Herren
Gang
Büro-Räume
Flur
Austritt

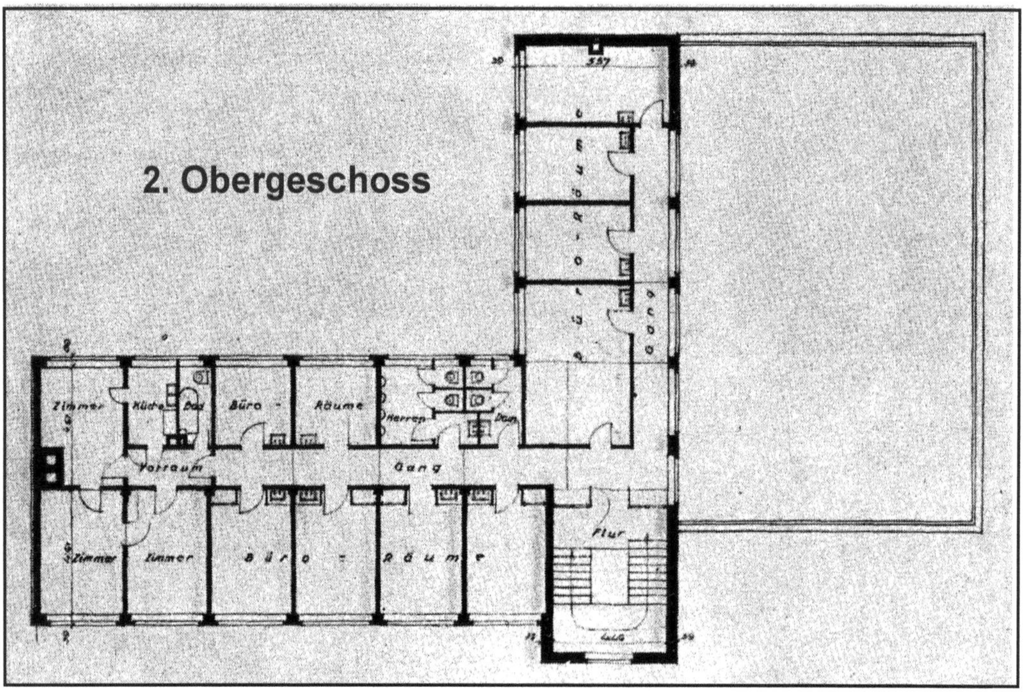
2. Obergeschoss
Gang
Zimmer
Küche
Bad
Büro-Räume
Herren
Vorraum
Gang
Zimmer
Zimmer
Büro-Räume
Flur

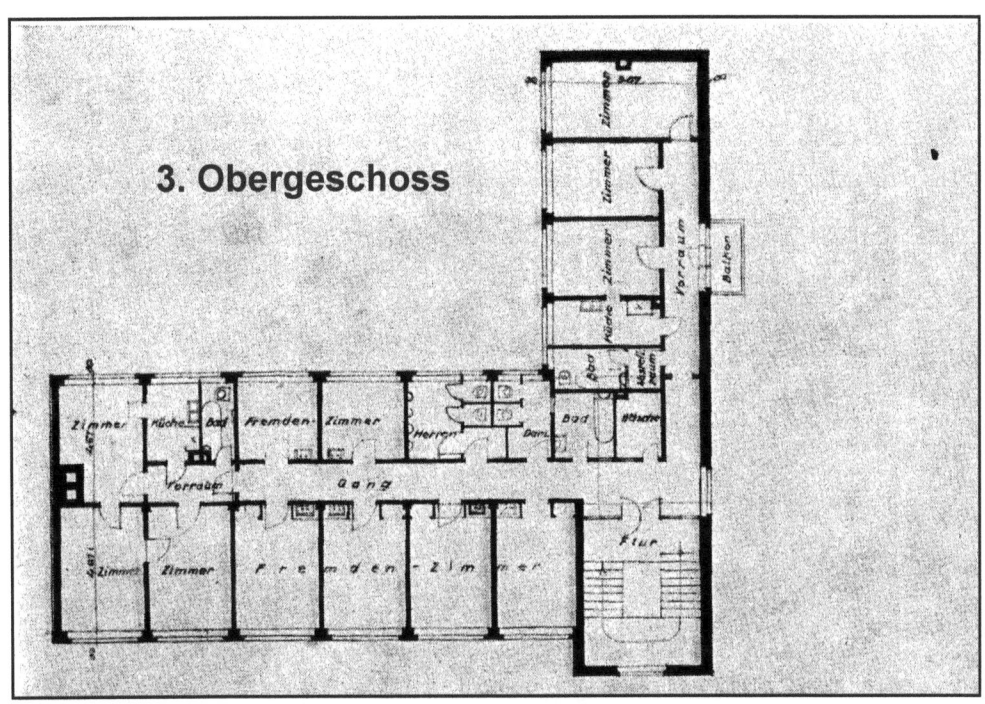

3. Obergeschoss

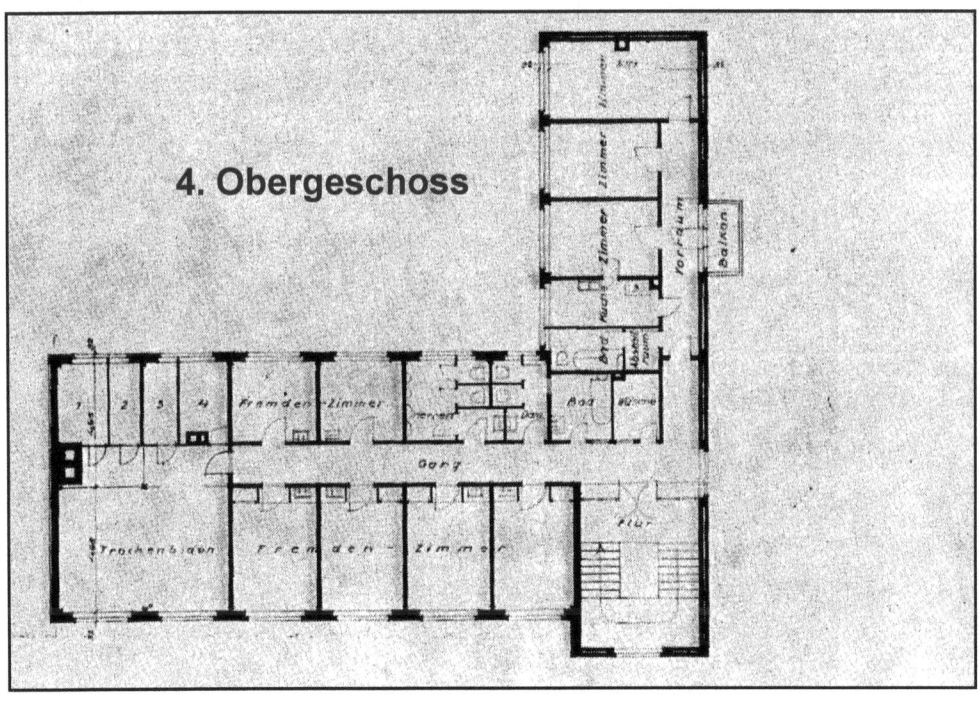

4. Obergeschoss

25

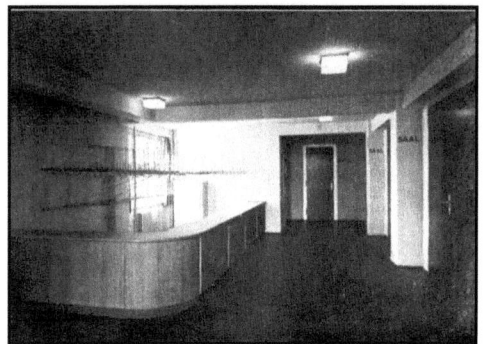

Der Vorraum mit Garderobe

Der große Festsaal (250 Plätze)

Das Restaurant (60 Plätze)

Die Großküche mit Elektroherd

Das Sitzungszimmer (60 Plätze)

Das Kaffeehaus

Die Abbildungen auf dieser Seite und die Grundrisse auf den vorigen drei Seiten stammen aus einem Artikel von Hans Waloschek, der in der Festschrift zur Eröffnung des Volkshauses Riesa am 1. März 1930 veröffentlicht wurde **[WP01]**.

1.2 Die Wohnblocks am VOLKSHAUS Riesa

Weitere Information über dieses Gebäude findet man in der schon erwähnten Broschüre **„Der schlaue Turm von RIESA - Wissenswertes über den VOLKSHAUS-Bau" [WP07]** mit einem interessanten Beitrag des Zeitzeugen Dr. med. **Dieter Frank**.

Die **„Volkshaus Riesa GmbH"** hat den Bau der als 2. Abschnitt geplanten Wohnungen nicht selbst finanziert. Die **GEWOG-Dresden** hat diesen Abschnitt als **Bauherr** übernommen. Der Block war links an das Volkshaus angegliedert und bestand aus einer langen, abgewinkelten Zeile, zum größten Teil entlang der quer verlaufenden damaligen Gaußstraße.

Die Pläne für diese Erweiterung tragen das Datum 11. April 1930, für **Entwurf und Bauleitung** war die **DEWOG** (nicht die GEWOG-Dresden) eingetragen (aber auch von Waloschek unterschrieben) und die Durchführung wurde der Firma **Karl Siegert** anvertraut. Im Nachlass von Hans Waloschek befinden sich mehrere Fotos, die bestätigten, dass dieser Teil damals fertiggestellt wurde.

Die **14 Wohnungen** der vierstöckigen Häuser an der Bismarckstraße hatten Zentralheizung und wahrscheinlich auch Warmwasserversorgung, die wohl an die Anlagen des Volkshauses angeschlossen waren. Die **24 Wohnungen** der dreistöckigen Häuser an der Jahnstraße dagegen waren für die Aufstellung von Öfen vorbereitet. Jedes Zimmer konnte an eine der eingebauten Schornsteinröhren angeschlossen werden. Alle Wohnungen hatten eine Küche und ein für heutige Begriffe etwas klein geratenes Bad, allerdings mit Badewanne.

Im Frühjahr 1932 wurden die Pläne für den Anbau von **zwei weiteren Blocks** eingereicht. Es handelte sich um einen dreistöckigen Block, als Fortsetzung der Reihe in der Jahnstraße (mit **6 Wohneinheiten**), und um einen weiteren, quergestellten, mit 4 Stockwerken (also **8 Wohnungen**). Nach der Anordnung der Schornsteine zu urteilen, wurden die Wohnungen dieser beiden Blocks mit Zentralheizung versorgt, wie die Häuser an der Bismarckstraße – es gab keine Schornsteinanschlüsse für jedes Zimmer. Da die GEWOG-Dresden und die DEWOG im Oktober 1932 ihre Bautätigkeit eingestellt haben, ist anzunehmen, das diese Erweiterung noch davor fertiggestellt wurde.

Mit dem Bau dieser letzten zwei Blocks war Ende 1932 der Zustand erreicht, in dem sich der ganze Volkshaus-Komplex bis Anfang 2007 befand.

Die Wohnzeile entlang der Jahnstraße, einschließlich der beiden 1932 angebauten Blocks (ganz links). Rechts der Block in der Bismarckstraße und daneben das Volkshaus, aufgenommen von Pedro Waloschek im Juni 1999.

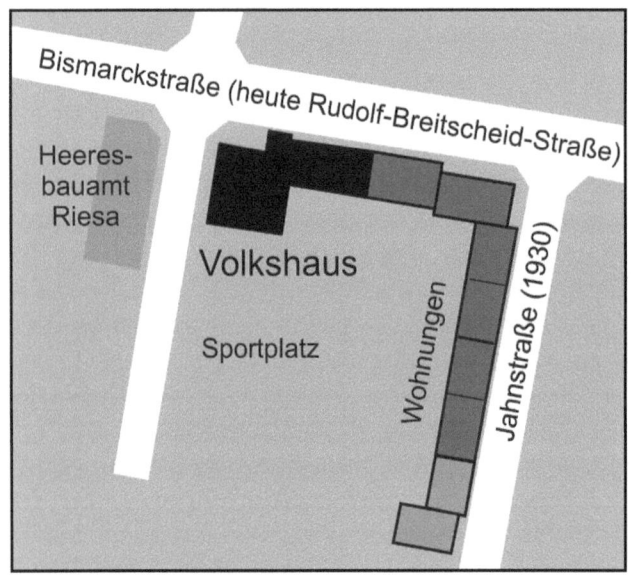

Lageplanskizze des Volkshauses und der angegliederten Wohnblocks, unterteilt in „Wohneinheiten". Die zwei letzten Blocks (hellgrau) in der früheren Jahnstraße sind in den Plänen vom April 1930 noch nicht enthalten. Sie wurden erst 1932 angebaut.

Unterschriften auf einem der Pläne der Wohnblocks am Volkshaus Riesa.

Die Wohnungen waren sehr begehrt, viele hatten einen schönen Ausblick und das Stadtzentrum war bequem zu Fuß zu erreichen.

Nach der Enteignung durch die Nationalsozialisten 1933 wurden die Wohnungen natürlich bevorzugt an NSDAP-nahestehende Mieter übergeben. Ariernachweis oder Parteibuch waren hilfreich!

Am Ende des Zweiten Weltkrieges wurde der ganze Volkshaus-Komplex von der sowjetischen Armee übernommen und als Kaserne benutzt. Die Einwohner mussten in wenigen Stunden ihre Wohnungen räumen. Das ganze Gebäude wurde streng bewacht, und dann sogar mit einem etwa drei Meter hohen Holzzaun umgeben.

Allerdings gibt es auch Berichte, nach denen es in dem großen, mit vornehmem Holzparkett ausgestattem Saal Tanzveranstaltungen gab, zu denen auch Deutsche (die wohl mit den Russen gute Beziehungen hatten) gelegentlich eingeladen wurden.

Nach der Wiedervereinigung Deutschlands wurden die unbenutzten, nun unter Denkmalschutz stehenden Gebäude (nach langen Verhandlungen) als Eigentum der Stadt Riesa anerkannt. Anfang 2007 wurde der Wohnungsteil an den Riesaer Investor **Lutz Steinchen** verkauft, der darin Eigentums- und Mietwohnungen mit modernem Komfort einbauen lässt **[Mu07]**.

Der Rat der Stadt Riesa hat im März 2008 einstimmig beschlossen, die Zuwegung (mit Kfz-Stellplätzen) zu diesen Wohnungen „**Hans-Waloschek-Weg**" zu nennen. Für den Volkshaus-Teil bestehen gute Chancen für eine sinnvolle Nutzung.

Stand der Bauarbeiten Ende 1931, Foto aus dem Nachlass von Hans Waloschek.

Die Ecke der damaligen Bismarckstraße und der Jahnstraße um 1931, Foto aus dem Nachlass von Hans Waloschek.

Ein Blick auf den Gebäudekomplex am Volkshaus Riesa, fotografiert 2005 von Peter Gruhle (Riesa) aus dem gegenüberliegenden Hochhaus.

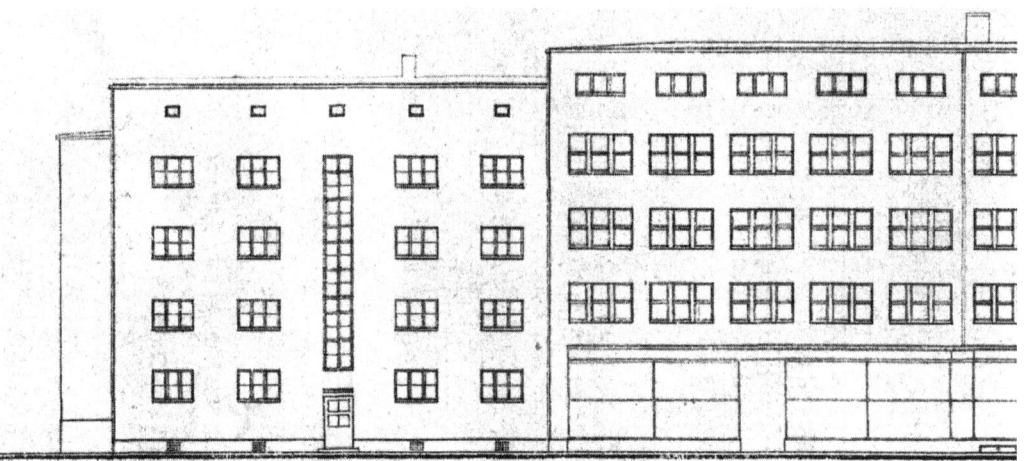

Die **Wohnungen am Volkshaus Riesa**. Ansicht Bismarckstraße, 2. Bauabschnitt. Nach Zeichnungen aus dem Nachlass des Architekten Hans Waloschek.

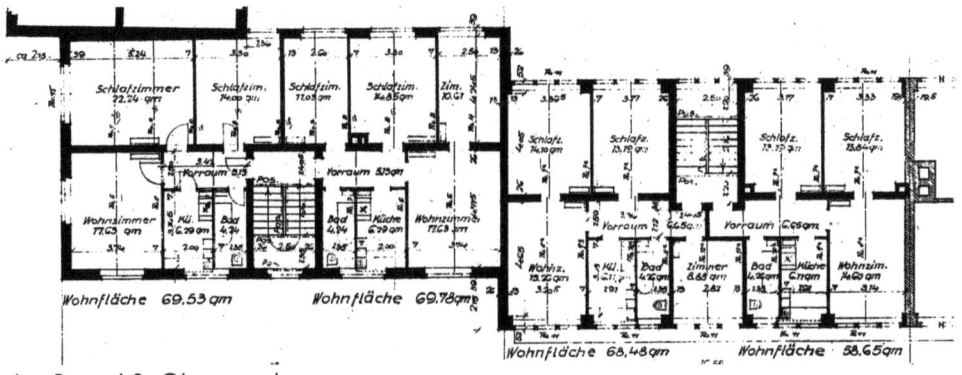

1., 2. und 3. Obergeschoss

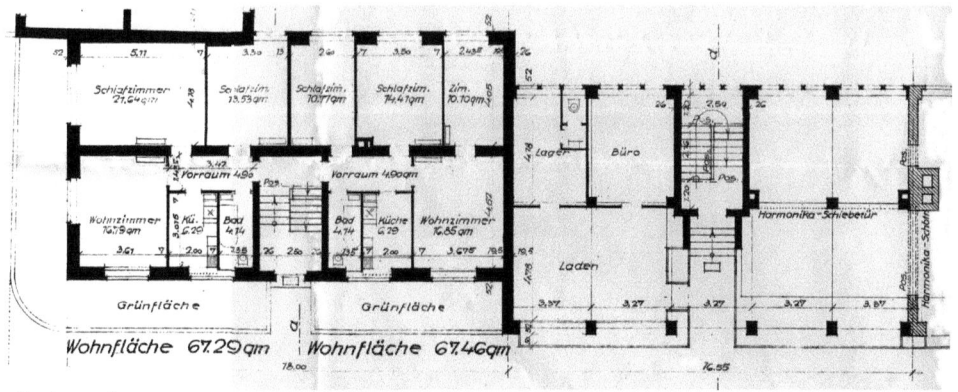

Erdgeschoss

Unten: Ansicht der Wohnhäuser entlang der damaligen Jahnstraße (1930). Die Umrisse des Volkshauses sind rechts zu sehen. Die zwei weiteren Blocks (links) sind in dieser Ansicht noch nicht eingezeichnet. Nach Zeichnungen aus dem Nachlass des Architekten Hans Waloschek.

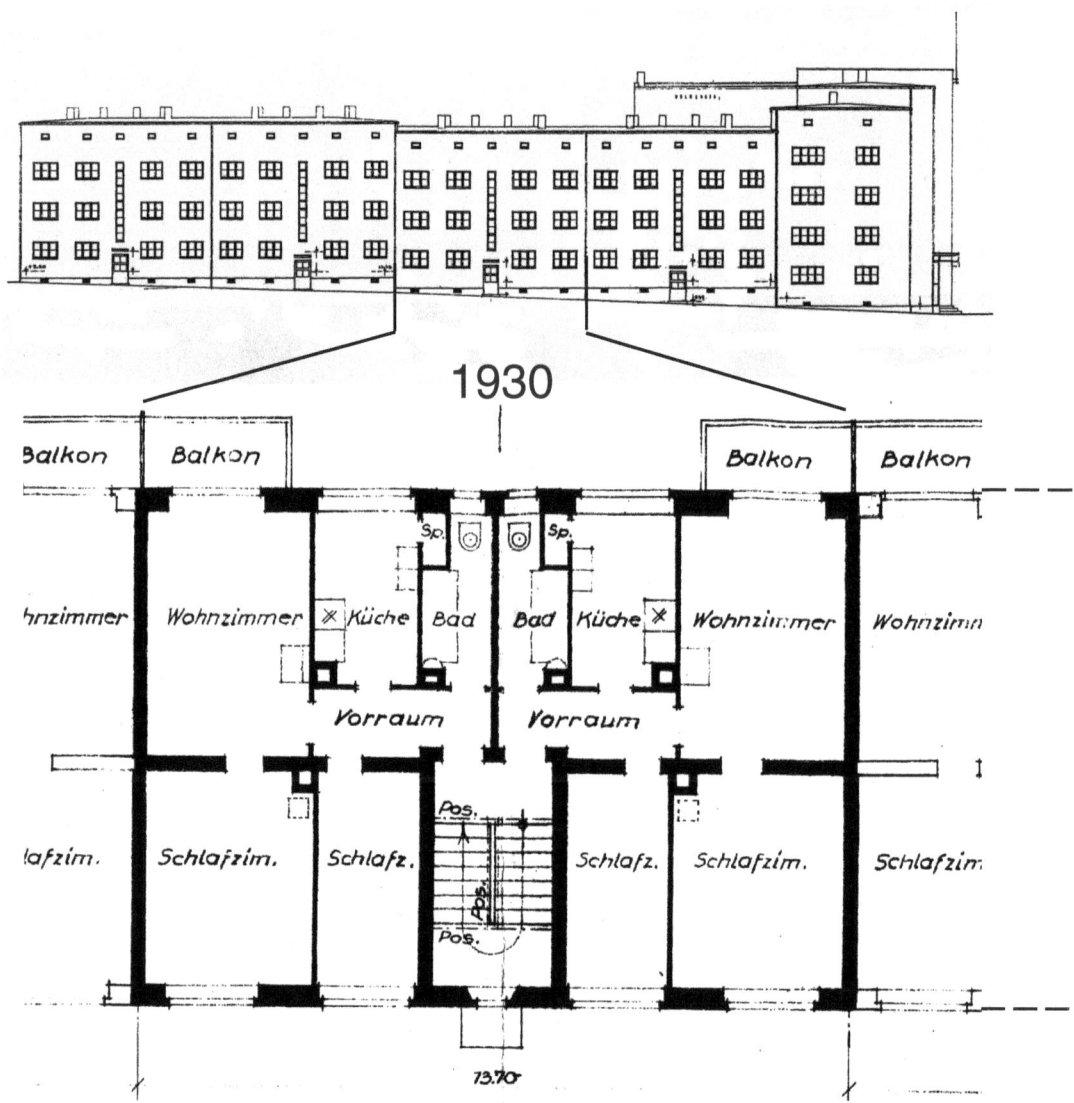

Grundriss der „Wohneinheiten" (2 Wohnungen) im 1. und 2. Stock.

Unten: Neugestaltung der Fassade (Haus am Hans-Waloschek-Weg Nr. 9), skizziert nach dem Stand der Arbeiten im August 2008 (s. nächste Seite). Bei der Renovierung der Wohnungen werden alle Zwischendecken erneuert (Eisenbeton mit Fußbodenheizung), die Dachböden in Wohnungen verwandelt und in jedem Block ein Aufzug eingebaut. Die Fassaden werden neu isoliert und u.a. wird Solartechnik (für Warmwasser) und Wärmerückgewinnung eingesetzt (s. **[Mu07]** und **[DI08]**).

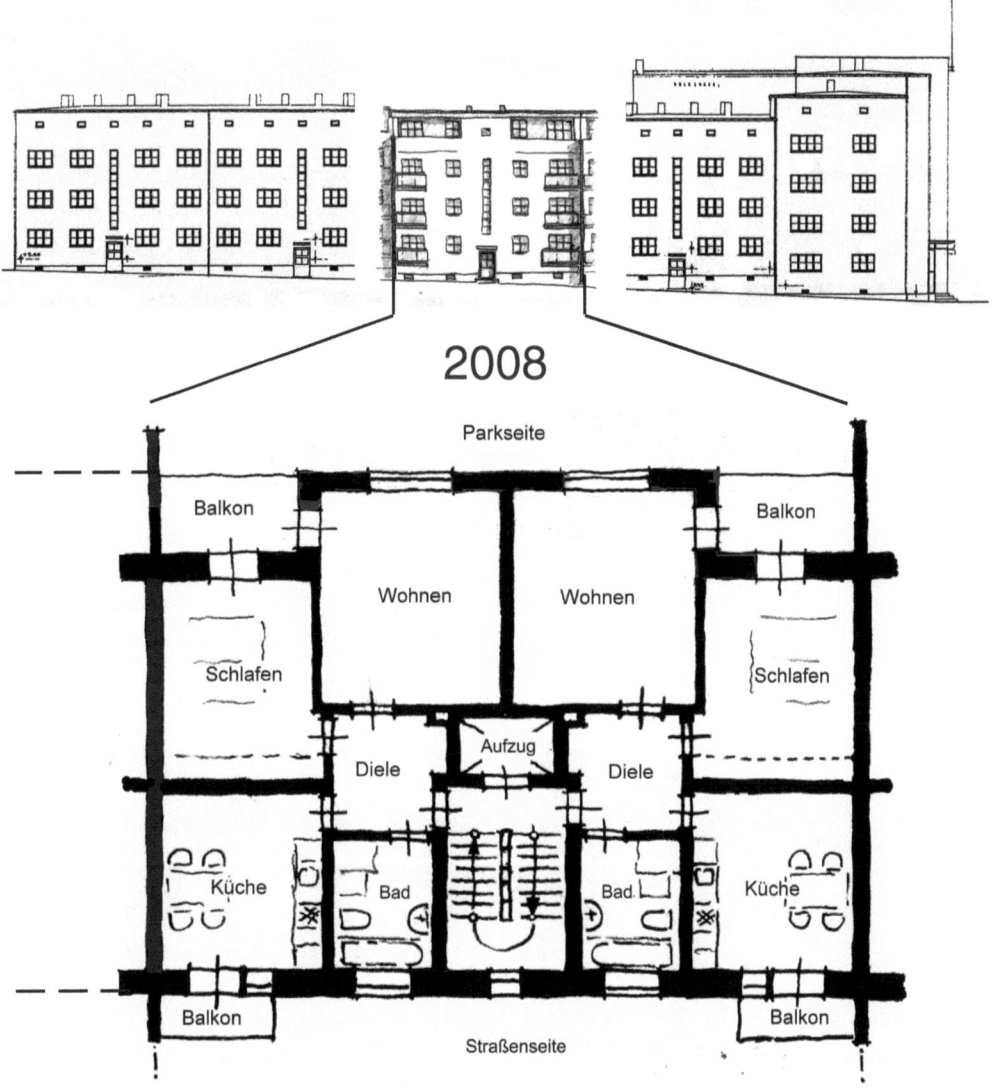

Interessanter Grundriss der angebotenen Miet- oder Eigentumswohnungen im 1. und 2. Stock am Hans-Waloschek-Weg Nr. 9 (skizziert nach **[DI08]**).

Schema der Zuwegung zu den Hauseingängen und Kfz-Parkplätzen über den neuen **Hans-Waloschek-Weg**. Der Weg wurde als verkehrsberuhigte Sackgasse angelegt, ohne Durchfahrt zur Jahnstraße.

Der alte Baumbestand in der Parkanlage zur Kasernenstraße soll erhalten und gepflegt werden. Für das Volkshaus-Gebäude (dunkel markiert) sind Verhandlungen für eine Anwendung im Gange (Stand August 2008).

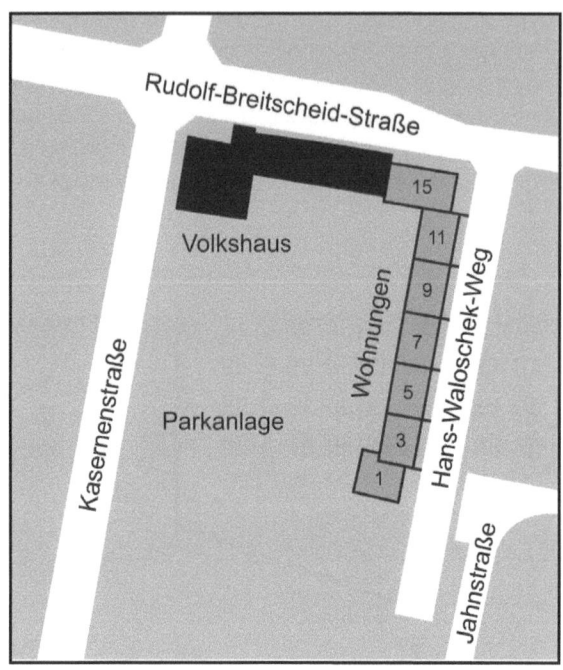

Stand der Bauarbeiten entlang des Hans-Waloschek-Wegs im August 2008, aufgenommen von Heike Berthold (Riesa).

1.3 Die Großsiedlung Dresden-Trachau

An der Entstehung dieses großen Komplexes waren zwischen 1927 und 1958 mehrere Bauträger und Architekturbüros beteiligt. Die recht komplizierten Zusammenhänge konnte der Architekt Dipl.-Ing. **Karl-Heinz Löwel** nach langjährigen Recherchen 1996 aufklären und dabei auch die Beiträge des Architekten Hans Waloschek identifizieren. Er hat dies in mehreren Referaten dargestellt (s. **[Lo00]**, **[Lo96]**, **[Lo97]**) und dann in einem ausführlichen Beitrag zu dem Buch **„Die Großsiedlung Dresden-Trachau, Geschichte und Sanierung" [St00]** veröffentlicht.

Ursprünglich sollten in der Großsiedlung Dresden-Trachau insgesamt etwa 2000 Wohnungen in langen Häuserblocks gebaut werden, mit vielen Grünanlagen und Kleingärten dazwischen, auf dem damals fast unbebautem Areal zwischen

der **Schützenhofstraße**, der **Aachener Straße**,

der **Industriestraße** und der damaligen **Kirchhoffstraße**

(letztere heißt heute **Richard-Rösch-Straße**).

Vorsorglich hatte die Stadt Dresden schon lange vorher, im Hinblick auf eine zukünftige Bebauung, das gesamte Grundstück der heutigen Großsiedlung gekauft.

Ein Bebauungsplan für diese Gegend wurde zuerst 1925/26 im Hochbauamt der Stadt Dresden erstellt, dann dort von einer Arbeitsgruppe mit den Architekten **Max Arlt**, **Arno Müller**, **Hans Richow** und **Friedrich Hirsch** überarbeitet und schließlich verbindlich 1928 fertiggestellt, mit maßgeblicher Beteiligung des bekannten Stadtbaurates **Paul Wolf**, der dies auch in einem Buch **[Wo30]** dargestellt hat. Die Bauakten darüber sind leider beim Angriff auf Dresden am 13. Februar 1945 zerstört worden.

Es wurde dort ab 1928 gebaut und (nach einer Unterbrechung 1933) noch bis 1958, allerdings dann im konventionellen Stil, der von den damaligen Machthabern erzwungen wurde. Hans Waloschek war in der Zeit von 1928 bis Oktober 1932 am Bau der Siedlung beteiligt.

Die Bebauung sollte weitgehend den Kriterien der später als **„Neue Sachlichkeit"** oder **„Klassische Moderne"** bekannten Stilrichtung (mit Flachdächern) entsprechen, ein Novum für die ansonsten recht konservativ eingestellten Dresdner Baubehörden. *„Der ganze Komplex ist als die erste große Flachdachsiedlung Dresdens in die Geschichte der Architektur eingegangen!"*, betonte Architekt Karl-Heinz Löwel.

Für die Erstellung der Gebäude der Großsiedlung wurden drei Organisationen als **Bauherren oder Bauträger** vorgesehen:

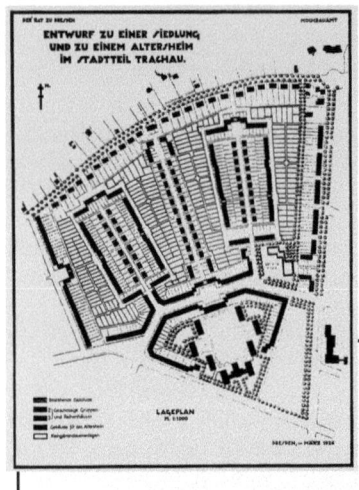

Entwurf eines Bebauungsplans
des Stadtteils Trachau, erstellt im
Hochbauamt der Stadt Dresden
im Jahr 1926 **[Lo96]**.

Der verbindliche Bebauunsplan für die Großsiedlung
Dresden-Trachau und für das spätere Krankenhaus
Neustadt aus dem Jahr 1928 **[Wo30]**.

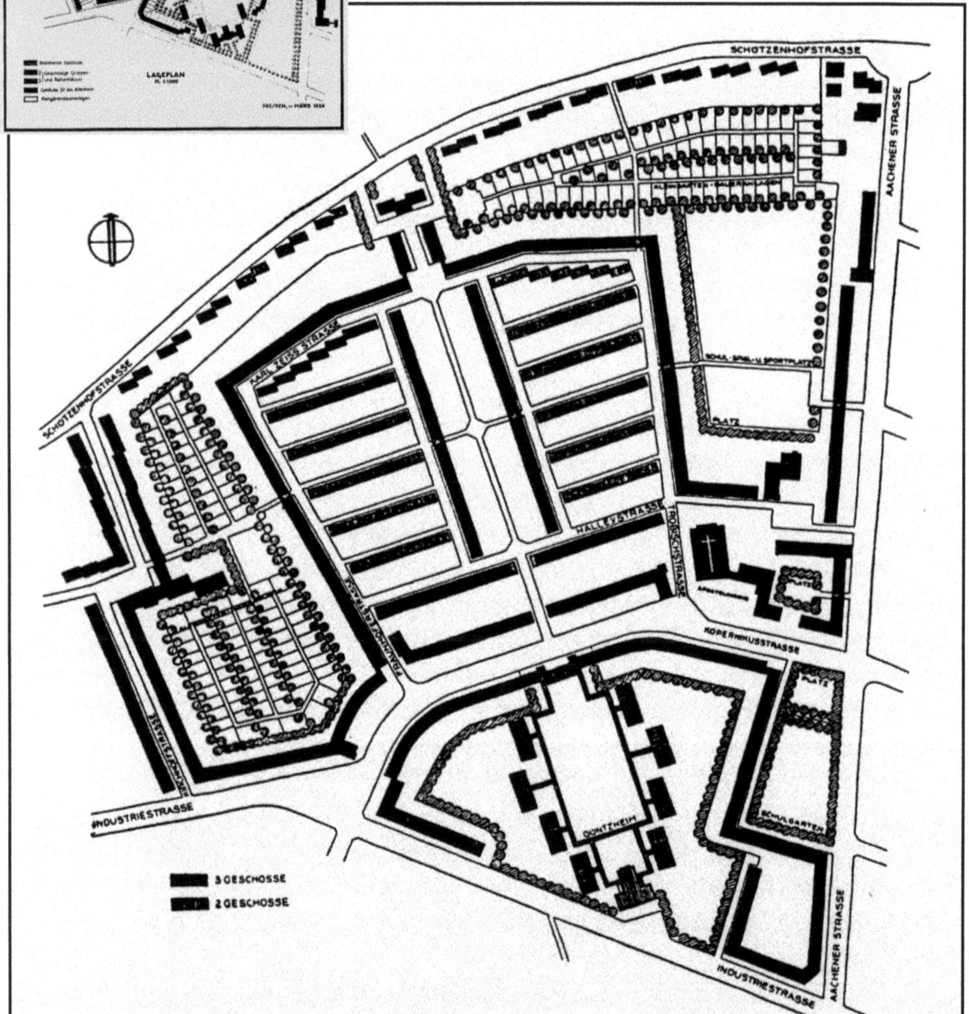

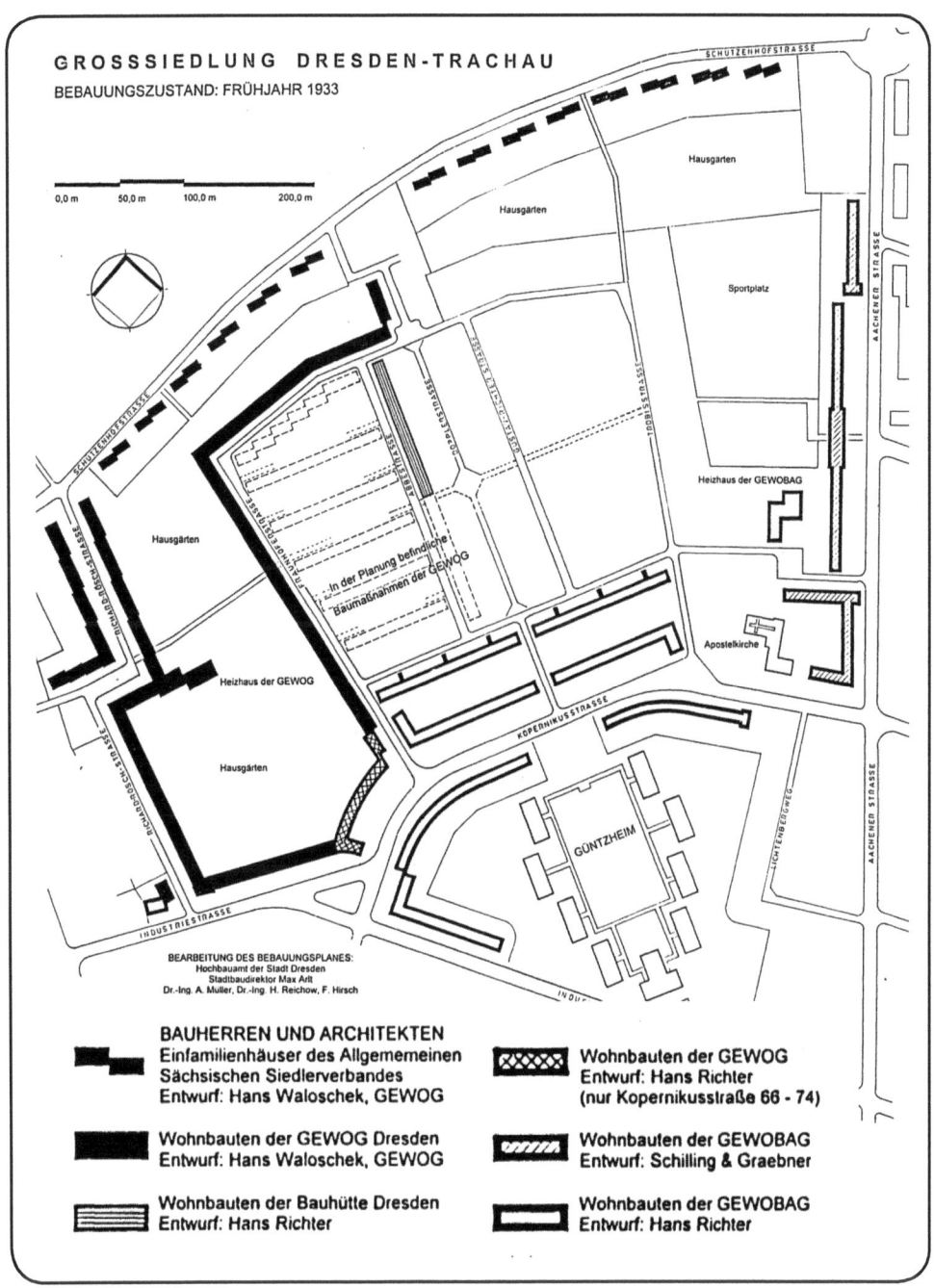

GROSSSIEDLUNG DRESDEN-TRACHAU

BEBAUUNGSZUSTAND: FRÜHJAHR 1933

0,0 m   50,0 m   100,0 m   200,0 m

Hausgärten

Hausgärten

Sportplatz

Heizhaus der GEWOBAG

In der Planung befindliche
Baumaßnahmen der GEWOG

Hausgärten

Apostelkirche

Heizhaus der GEWOG

Hausgärten

GÜNTZHEIM

SCHÜTZENHOFSTRASSE

AACHENER STRASSE

AACHENER STRASSE

INDUSTRIESTRASSE

KOPERNIKUSSTRASSE

LICHTENBERGWEG

BEARBEITUNG DES BEBAUUNGSPLANES:
Hochbauamt der Stadt Dresden
Stadtbaudirektor Max Arlt
Dr.-Ing. A. Müller, Dr.-Ing. H. Reichow, F. Hirsch

BAUHERREN UND ARCHITEKTEN

Einfamilienhäuser des Allgemeinen
Sächsischen Siedlerverbandes
Entwurf: Hans Waloschek, GEWOG

Wohnbauten der GEWOG Dresden
Entwurf: Hans Waloschek, GEWOG

Wohnbauten der Bauhütte Dresden
Entwurf: Hans Richter

Wohnbauten der GEWOG
Entwurf: Hans Richter
(nur Kopernikusstraße 66 - 74)

Wohnbauten der GEWOBAG
Entwurf: Schilling & Graebner

Wohnbauten der GEWOBAG
Entwurf: Hans Richter

Die von Dipl.-Ing. Karl-Heinz Löwel 1996 erstellte Aufteilung der Bauträger.

37

(1) die **GEWOBAG**, eine von der Stadt Dresden kontrollierte „Gemeinnützige Wohnungsbau-Aktiengesellschaft Dresden",

(2) die **GEWOG-Dresden**, eine Gesellschaft der DEWOG-Gruppe und

(3) die schon vorher existierende **Bauhütte Dresden** (auch eine Tochtergesellschaft der DEWOG-Berlin), die aber erst 1932 dazu kam.

Für die im Bebauungsplan schon vorgesehenen „Häuser an der Sonnenlehne", an der Schützenhofstraße (die nördliche Grenze der Großsiedlung) war außerdem als Bauträger der „Allgemeine Sächsische Siedlerverband" (**ASSV**) vorgesehen (s. nächsten Abschnitt).

Diese Gesellschaften mussten das zum Bau nötige Grundkapital (in diesem Fall Eigenkapital oder Gewerkschafts- oder Genossenschaftsgelder) bereit stellen und dann auch die meist notwendigen Bank-Hypotheken und Darlehen verschaffen. Für **Entwurf** und **Bauleitung** standen drei Architekturbüros zur Verfügung:

(1) das Büro der Dresdner Firma **„Schilling & Graebner"**,

(2) das Baubüro des Architekten **Hans Richter** und

(3) das von **Hans Waloschek** geleitete Baubüro der **GEWOG-Dresden**.

Die GEWOG-Dresden hat die Planung, den Entwurf und die Bauleitung meist mit ihren eigenen Angestellten durchgeführt, während die GEWOBAG und die Bauhütte dafür Architekturbüros beauftragten.

Die Architekturbüros haben die nötigen Genehmigungen von der Baubehörde eingeholt. Dabei mussten sich alle an die Vorgaben und Rahmenbedingungen des schon erwähnten **verbindlichen Bebauungsplans** halten, der unter anderem den modernen Stil, die Umrisse und äußeren Abmessungen der Gebäude und Grünflächen festlegte. Dabei wurden **Flachdächer für die ganze Siedlung** vorgesehen, mit Ausnahme einiger Wohnzeilen an der Aachener Straße, als Übergang zu den benachbarten Gebäuden.

Es blieb also den Architekten relativ wenig Spielraum bei ihrer Planung. Sie konnten die Aufteilung und Ausstattung innerhalb der Blocks bestimmen, natürlich die Raumaufteilung der Wohnungen, die Lage der Treppenhäuser und der Balkons und die Details der Fassaden. Bei letzteren wurde besonderer Wert auf eine ruhige aber auch abwechslungsreiche Farbgebung gelegt, die (anders als das im BAUHAUS-Stil übliche Weiß) der ganzen Siedlung seinen eigenen Charakter geben sollte. Die Farbgestaltung wurde dem Dresdner Künstler, Professor **Carl Rade** anvertraut, der an der Staatlichen Akademie für Kunstgewerbe in Dresden unterrichtete.

Stadtbaurat **Paul Wolf** hatte auf das Projekt, was die architektonische Planung betrifft, wohl einen großen Einfluss, und von der politischen Seite wurde es von dem bekannten Kommunalpolitiker **Richard Rösch** unterstützt und auch geleitet. Rösch war damals unter anderem sozialdemokratisches Stadtratsmitglied, Mitglied vieler Ausschüsse, Geschäftsführer der GEWOG-Dresden und Mitglied des Aufsichtsrats der GEWOBAG.

Der angesehene Architekt **Hans Richter** (s. **[Br06], [Br06a]** und **[Lo67]**) war 17 Jahre älter als Hans Waloschek und teilte mit ihm die Begeisterung für moderne Architektur. Er hatte dies schon mit mehreren interessanten Industriebauten (auch in Sachsen) klar bewiesen. Er stammte aus Nordböhmen, hatte wie Waloschek Maurerlehre und Staatsgewerbeschule hinter sich. Danach hat er Vorlesungen an der Kunsthochschule in Dresden gehört, mit einem Abschluss, der ihn anscheinend später berechtigte, sich „Akad. Architekt" zu nennen, wie aus einigen erhaltenen Bauplänen hervorgeht.

Hans Richter hatte schon früher Kontakte mit Paul Wolf, und es ist wahrscheinlich, dass er beim Entwurf des Trachauer Bebauungsplans mitgewirkt hat. Anders als Waloschek und Rösch, schienen Richter und Wolf keine besonderen Beziehungen zu gewerkschaftlichen Organisationen oder zu den Siedlungsbewegungen gehabt zu haben.

Man kann davon ausgehen, dass die Aufgaben beim Bau der Großsiedlung Trachau vom Anfang an recht genau definiert waren und jeder seinen Teil durchzuführen hatte. So kann man verstehen, warum relativ wenige Kontakte zwischen den beteiligten Architekten nötig waren.

Es wurden so weit es ging, einheitliche Baumaterialien und ganze Teile, wie zum Beispiel Türen, Fenster, Zargen und sanitäre Anlagen, in sehr großen Stückzahlen für alle Häuser beim gleichen Lieferanten vorteilhaft eingekauft, machen lassen oder selbst hergestellt. Bestimmte Bauteile konnten auch zentral für die ganze Siedlung vorfabriziert oder vorbereitet werden – zum Teil sogar auf dem eigenen Gelände.

Es wurde jedoch durchgehend mit **konventionellen Methoden** gebaut, obwohl schon neue Ideen aufkamen, wie zum Beispiel die damals von Ernst May und seiner Gruppe in Frankfurt und von Walter Gropius in seiner experimentellen Siedlung in Dessau-Törten entwickelte Systeme, bei denen größere industriell vorfabrizierte Teile mit unkonventionellen Methoden aufgebaut wurden. Auf solche Experimente wurde in Trachau (und übrigens auch in späteren Gropius-Bauten) verzichtet. Es muss ein eindrucksvoller Betrieb auf dem Gelände gewesen sein, denn schon Anfang 1930 waren die ersten Wohnungen bezugsbereit.

In den langgezogenen Blocks der Großsiedlung gab es Wohnungen unterschiedlicher Größe und Ausstattung. Es handelt sich i.a. um Kleinwohnungen (45 qm Wohnfläche) und Kleinstwohnungen (34 qm). Es gab aber einige anders zugeschnittene, und auch einige viel größere Wohnungen (60 qm), um somit den Interessentenkreis zu erweitern. Alle Wohnungen hatten Küche und Bad, i.a. mit WC und Badewanne. Die Kleinstwohnungen hatten nur ein Waschbecken im Bad.

Es wurden zwei **zentrale Heizwerke** gebaut, eines von der GEWOG und eines von der GEWOBAG, die alle Blöcke mit **Fernwärme** und **Warmwasser** versorgten, so wie es der Architekt Willi Ludewig (s. **[WP08]**) einige Jahre vorher (und angeblich zum ersten Mal in Deutschland) in der Siedlung Salzwedel realisiert hatte. Von den Häusern der GEWOG ist überliefert, dass sie (neben Wasser- und Stromzähler) auch Warmwasserzähler und an jedem Heizkörper einen **„Wärmeabgabezähler"** (Verdunstungsröhrchen) hatten, der ähnlich den noch heute benutzten eingesetzt wurde.

An jedes der beiden Heizwerke war eine Wäscherei angegliedert, in der für einen erschwinglichen Betrag mit modernen Großgeräten Wäsche gewaschen, getrocknet und geplättet werden konnte. Deshalb hat Hans Waloschek in den von ihm geplanten Häuserblocks weitgehend auf Waschküchen und Trockenböden verzichtet, wodurch auch Kosten eingespart wurden. Flachdächer waren da naheliegend, wie es ja von der Baubehörde gewünscht und vorgeschrieben war.

Nach den Untersuchungen und Unterlagen von Dipl.-Ing. **Karl-Heinz Löwel** kann man einen guten Teil der Gebäude der Großsiedlung Dresden-Trachau einwandfrei der **GEWOG-Dresden** und dem Architekten **Hans Waloschek** zuordnen (s. auch Abb.). Die Nummern der entsprechenden Hauseingänge konnten mit freundlicher Hilfe von Dipl.-Ing. **Walter Steglich** identifiziert werden. In Klammern ist jeweils die Gesamtlänge der Zeile angegeben:
- **Richard-Rösch-Straße Nr. 1, 2, 4 bis 40, 17, 19 bis 33 (etwa 400 m),**
- **Fraunhoferstraße Nr. 1, 3,... 33 (etwa 250 m),**
- **Carl-Zeiß-Straße Nr. 30, 32,... bis 48 (etwa 170 m),**
- **Industriestraße Nr. 54, 56,... bis 66 (etwa 100 m),**
- **Kleestraße Nr. 2, 4 und 6 (etwa 60 m),**
- **Dopplerstraße Nr. 3 und 5 (etwa 40 m)** und außerdem
- **ein zentrales Heizhaus und daneben eine Großwäscherei.**

Karl-Heinz Löwel berichtet weiterhin: *„Als einzige Folge des Zweiten Weltkrieges wurden im April 1945 lediglich die Wohnhäuser der Industriestraße 58/60 durch einen Bombentreffer beschädigt, jedoch bald wieder aufgebaut."*

Mehr Schaden hat dann 1945 der Stillstand der zentralen Heizwerke indirekt verursacht: Die nicht mit Fernwärme versorgten Wohnungen wurden mit

Blick auf die Wohnzeile in der Industriestraße, von der Ecke mit der Kirchhoffstraße aus gesehen. Titelbild einer Broschüre der GEWOG-Dresden aus dem Jahr 1931.

Renovierte Fassade der gleichen Ecke in der Industriestraße, Foto Pedro Waloschek, Juni 1999

provisorischen Öfen ausgerüstet. Da es keine Schornsteine gab, wurden (als Notlösung) die Abgase über Offnungen in den Fenstern oder Außenwänden abgeführt, wie Dipl.-Ing. **Ralf Gläser** in dem schon erwähnen Buch **[St00]** berichtet. Ab 1947 wurden die Heizwerke wieder schrittweise in Betrieb genommen und die provisorischen Abluftlöcher geschlossen.

1976 wurde eine Fernwärmeleitung vom Heizwerk der GEWOBAG zu dem der GEWOG gelegt und letzteres außer Betrieb genommen. Das entsprechend erweiterte Heizwerk der GEWOBAG versorgte danach die ganze Siedlung mit Fernwärme und Warmwasser und wurde später von der **„DREWAG - Stadtwerke Dresden GmbH"** übernommen. In den Gebäuden der Zentralwäscherei der GEWOG wird seit Jahren eine Wäscherei der **„RENA Textilpflege GmbH Dresden"** betrieben.

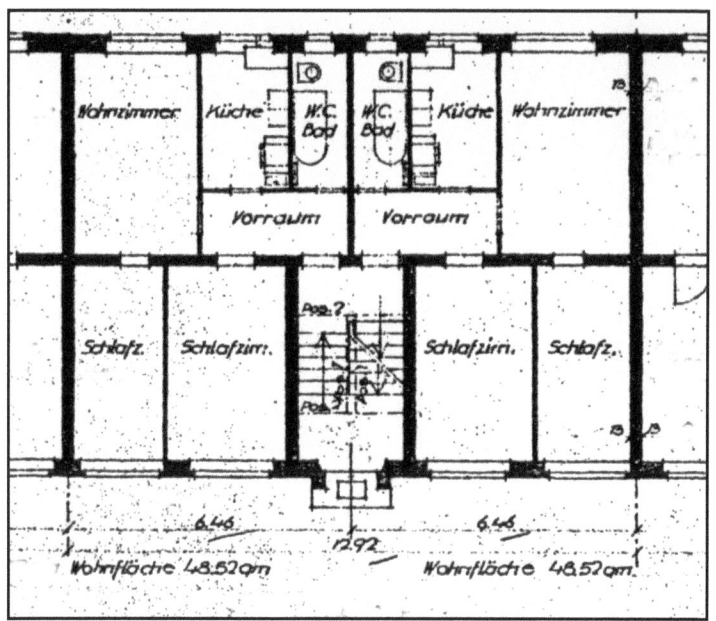

Beispiel von zwei Wohnungen an einem Flur (Karl-Zeiß-Straße, 1931).

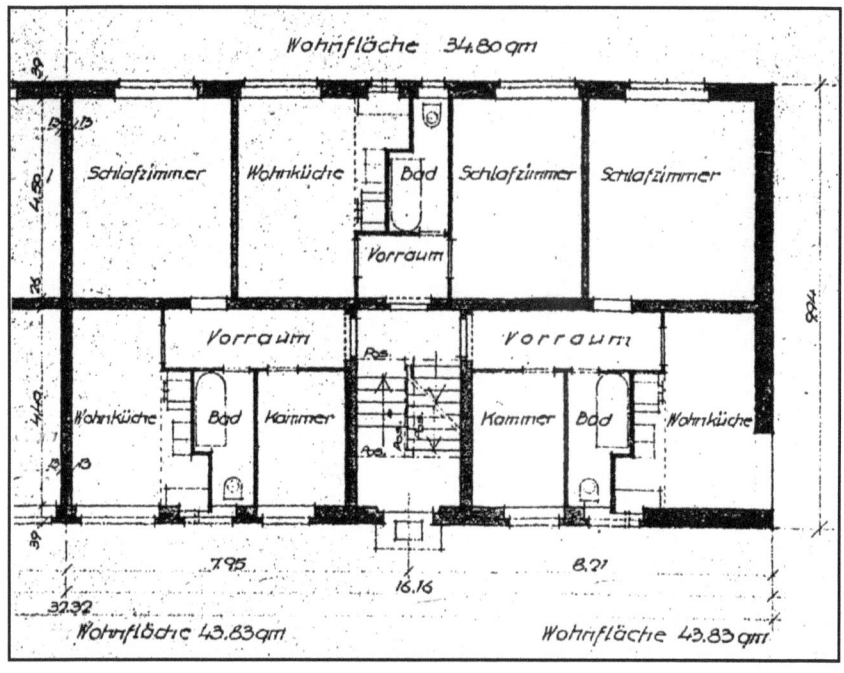

Beispiel von drei Wohnungen an einem Flur (Dopplerstraße, 1931).

Schnitt eines von der
GEWOG-Dresden
gebauten Hauses
(Carl Zeiss Straße, 1930)

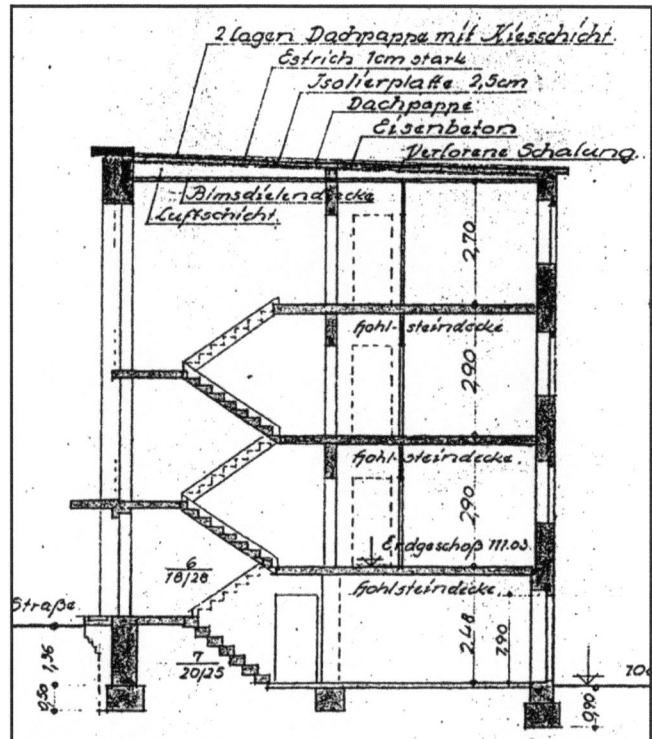

Unten:
Das Heizhaus und die
Zentralwäscherei der
GEWOG-Dresden.
(Aus einem Prospekt
der Siedlergemeinschaft
„Sonnenlehne e.V". Die
Siedler konnten auch die
Wäscherei benutzen.)

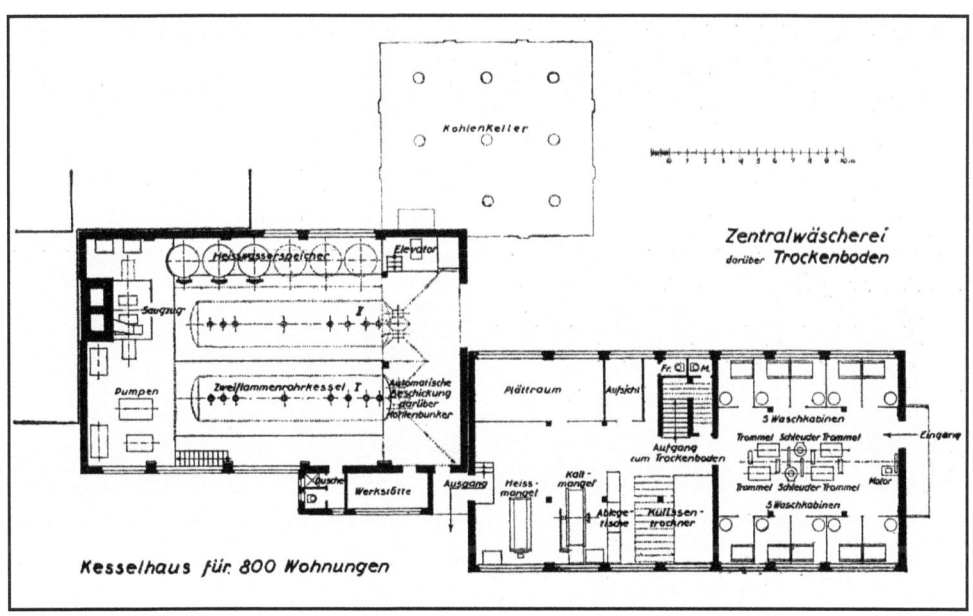

Luftbild der Großsiedlung Dresden-Trachau aus dem Jahr 1937. Mit freundlicher Genehmigung des Bildarchivs Foto Marburg, Archivnummer 932.537.

Werbepostkarte der GEWOG-Dresden aus dem Jahr 1931. Aus dem Nachass des Architekten Hans Waloschek.

Blick in die Kirchhoffstraße von der Ecke mit der Industriestraße aus gesehen.
Werbepostkarte der GEWOG-Dresden aus dem Jahr 1931.

Postkarte und Foto aus dem Nachass des Architekten Hans Waloschek.

Industriestraße, Blick zur Kopernikusstraße im Jahr 1932. Das Eckgebäude wurde
vom Architekten Hans Richter im Auftrag der GEWOG-Dresden gebaut.

Zwei Bilder der Innenhöfe im Jahr 1932. Aus dem Nachass des Architekten Waloschek.

Die recht komplizierten Eigentumsverhältnisse der Wohnblocks wurden erst 1995 geklärt. Nach jahrzehntelanger Vernachlässigung wurde dann die Großsiedlung 1996 bis 2000 vollständig saniert und an die heutigen Bedürfnisse angepasst. Diese Arbeiten wurden von einer von den Einwohnern selbst dafür gegründeten „Wohnungsgenossenschaft Trachau-Nord eG" (**WGTN**) organisiert, die heute auch den ganzen Komplex verwaltet (s. Kästen).

Die Fassaden wurden mit wissenschaftlicher Beratung der TU-Dresden originalgetreu wiederhergestellt, einschließlich ihrer ursprünglichen Farben. All dies wird in dem schon erwähnten Buch „Die Großssiedlung Dresden-Trachau, Geschichte und Sanierung" **[St00]** genau beschrieben.

Die Siedlung hat sich in kurzer Zeit zu einer touristischen Attraktion entwickelt, besonders für Besucher, die sich für Architekturgeschichte interessieren. Und die Wohnungen sind wegen ihrer guten Verkehrslage und relativ günstigen Miete recht begehrt.

In der heutigen Richard-Rösch-Straße (damals Kirchhoffstraße) Nr. 2, II. Stock, rechts (erweitert über die Durchfahrt am Haus Industriestraße 66) liegt (auch noch heute) die über 60 Quadratmeter große Wohnung in der die Familie Waloschek von Anfang 1930 bis April 1933 wohnte. Nach dem Krieg hatte dort der Zahnarzt Dr. Lang seine Praxis eingerichtet. In der gleichen Straße (Nr.

40, II. Stock) wohnte auch Richard Rösch, in einer der größeren Wohnungen. Das Büro der GEWOG befand sich allerdings im Gebäude Kopernikusstraße 74, das vom Architekten Hans Richter im Auftrag der GEWOG-Dresden entworfen wurde.

Als die Bautätigkeit der DEWOG und der GEWOG-Dresden im Oktober 1932 eingestellt wurde hat sich Hans Waloschek (wie schon erwähnt) als freischaffender Architekt in Dresden niedergelassen. Als solcher hat er im März 1933 Pläne für das Areal zwischen

Carl-Zeiss-Straße, **Abbe-Straße**, **Fraunhoferstraße** und **Benzstraße** ausgearbeitet, die in ihrem modernen Stil (Flachdächer und schlichte Fassaden) genau dem verbindlichen Bebauunsplan der Großsiedlung Dresden-Trachau von 1928 entsprachen.

Es handelt sich um **115 Heimstätten** in 6 Reihen, die man heute wohl als Reihenhäuser bezeichnen würde. Diese Häuser waren etwas kleiner als die schon vorher errichteten an der Sonnenlehne (s. 1.4), bieteten aber ähnlichen Komfort und auch einen kleinen Garten zur Südseite.

Alle Häuser haben im Erdgeschoß Wohnzimmer (20,45 qm), Küche Windfang, Vorraum und ein WC. Im Obergeschoß befinden sich drei Schlafzimmer und ein Bad (mit WC und Badewanne).

Für 34 der Häuser (in den Straßen 64 und 65) exististiert ein etwas abweichender Vorschlag (S. Zeichnungen). Wie in den Häusern an der Sonnenlehne ist hier ein Keller vorgesehen, der vom fast ein Stockwerk tiefer liegenden Garten zugänglich ist. Der Haupteingang (in Erdgeschoßhöhe) wird von der Straße erreicht.

Es ist Waloschek offensichtlich nicht gelungen, für diese Vorschläge einen Bauträger zu finden. Der Auftrag für den Entwurf und die Bauleitung dieser 115 Heimstätten hätte ihm das Überleben für einige Zeit ermöglicht. Der ihm wohlgesinnte Sächsische Siedlerverband war schon in die Arbeitsfront integriert und durfte ihm wohl keine Aufträge mehr erteilen. Die Gegend wurde erst einige Jahre später ganz anders bebaut.

Die Pläne auf den nächsten vier Seiten (aus dem Nachlass des Architekten) wurden im charakteristischen Stil der „Neuen Sachlichkeit" von Hans Waloschek zum größten Teil selbst gezeichnet und beschriftet, was darauf hinweist, dass er damals wohl keine Mitarbeiter mehr hatte.

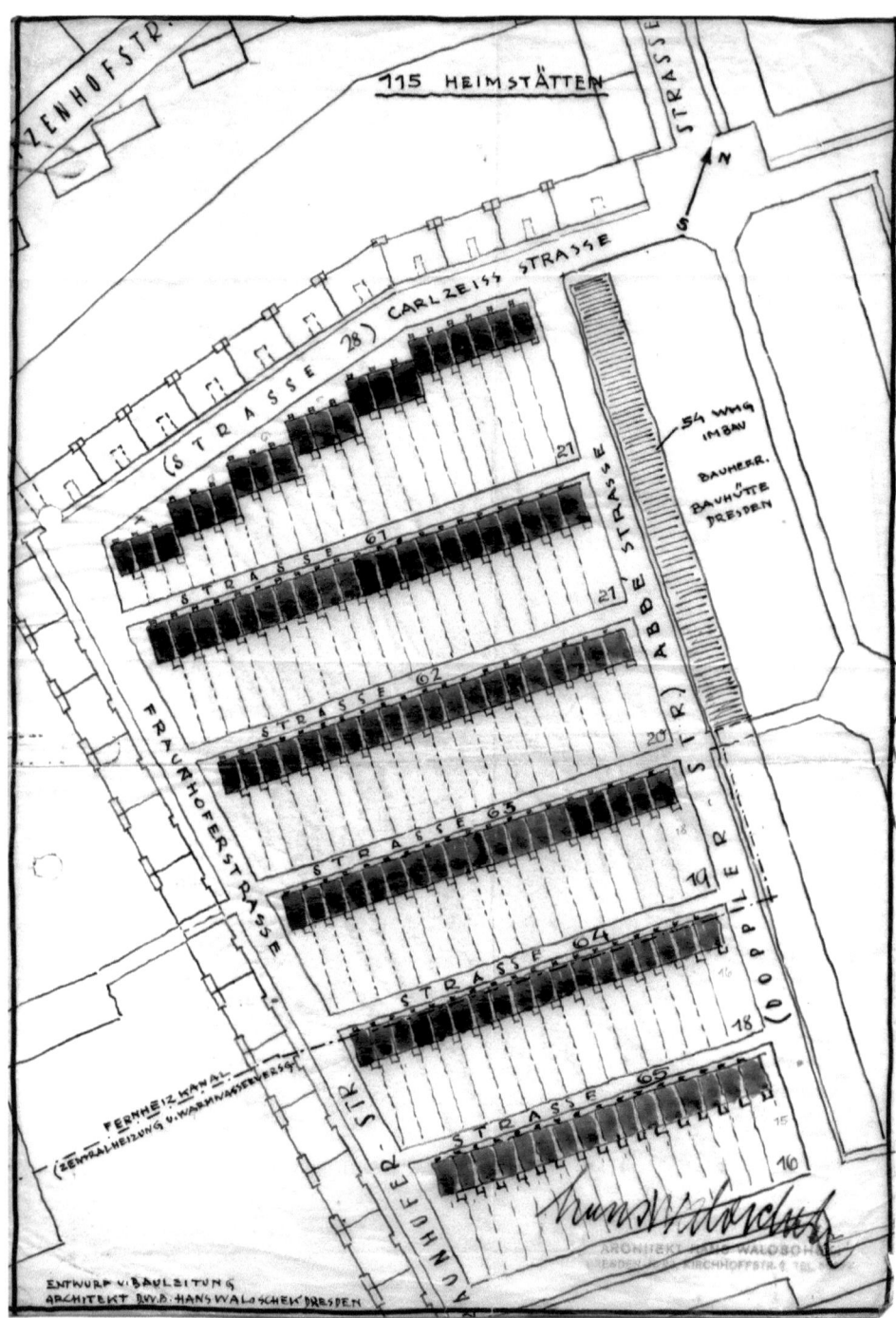

115 HEIMSTÄTTEN

48

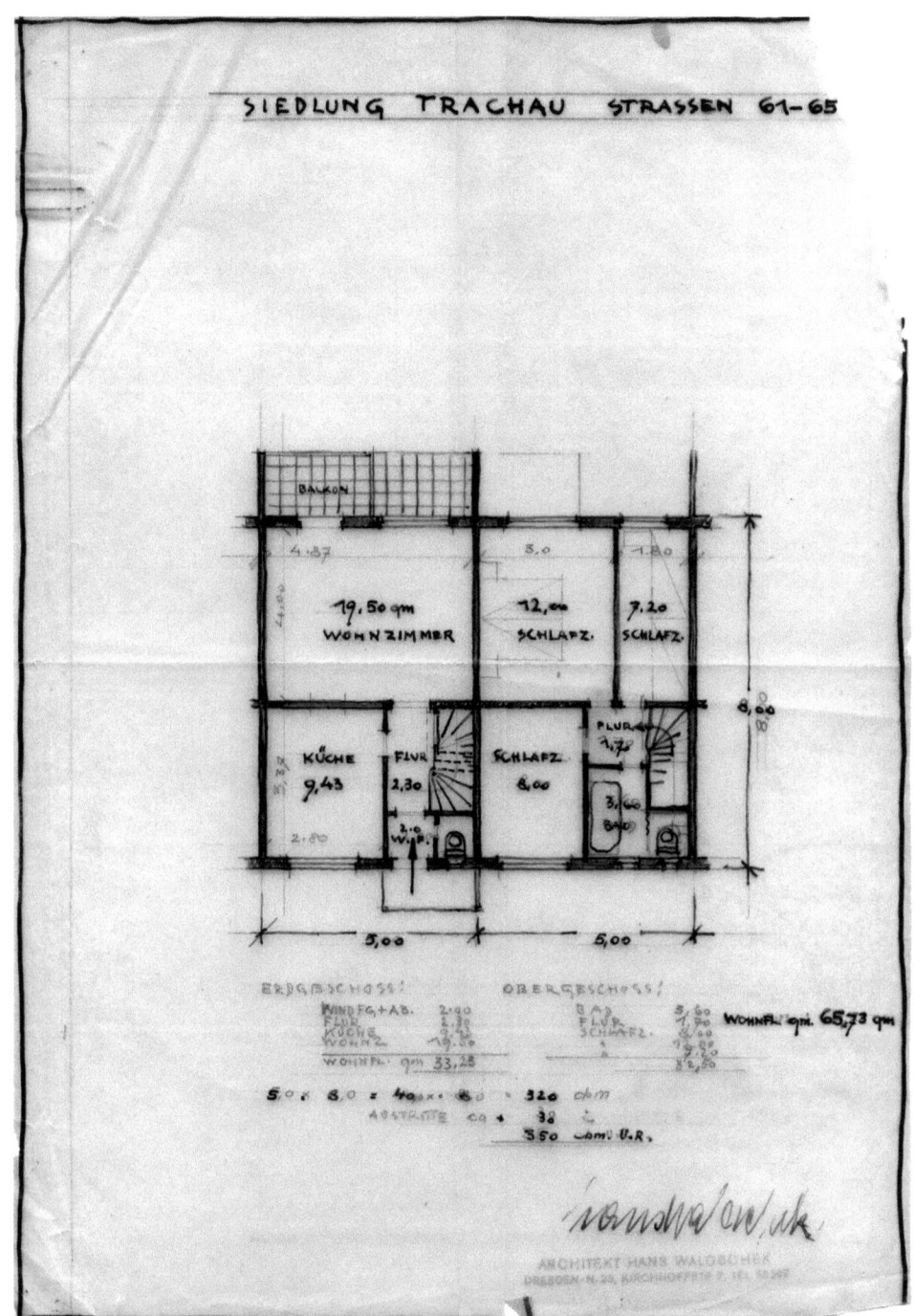

SIEDLUNG TRACHAU STRASSEN 61–65

49

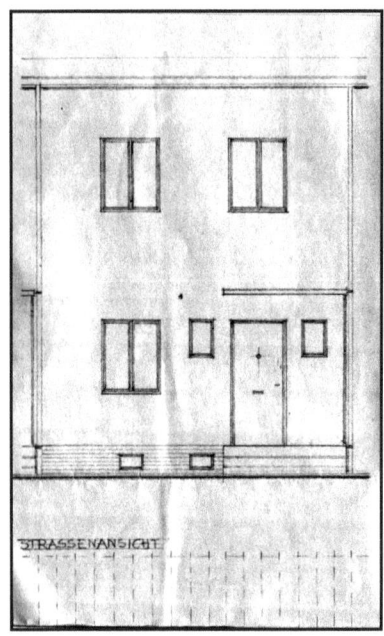

Straßenansicht

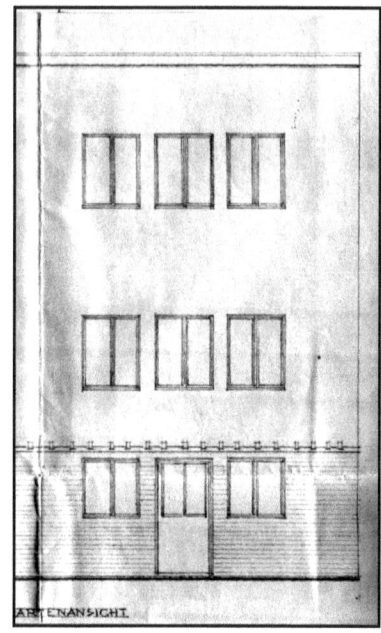

Gartenansicht

Vorschlag für die weitere Bebauung der Großsiedlung Dresden-Trachau

Beschriftung der Zeichnung:

SIEDLUNG DRESDEN-TRACHAU

Eigenheime - Straßen 64, 65

Bebaute Fläche:	42,00	qm
Umbauter Raum:	345,00	cbm
Wohnfläche:	69,01	qm
Nutzfläche (mit Keller):	101,74	qm

Architekt D.W.B. Hans Waloschek
Dresden N 23, Kirchhoff Strasse 2
Tel.: 56592

Dresden, im März 1933
Unterschrift und Stempel

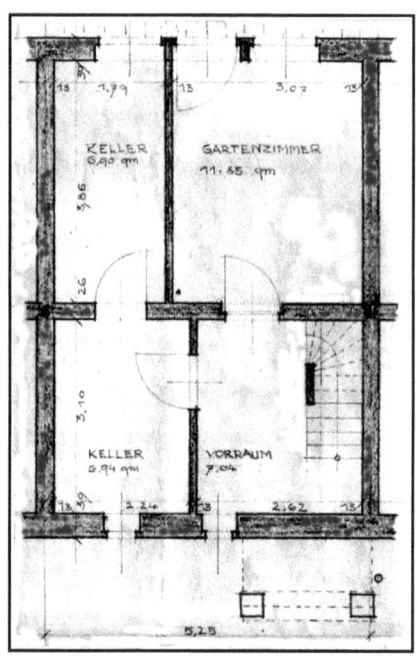

Keller

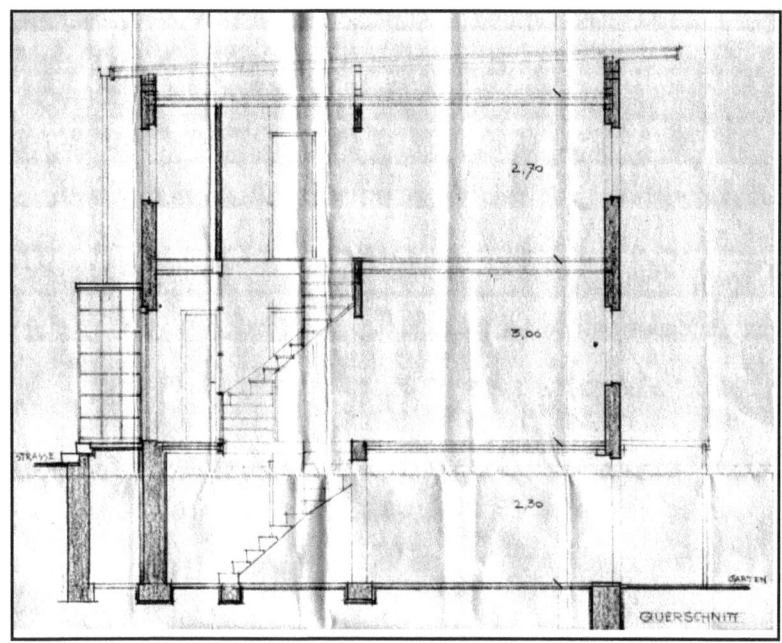

Querschnitt

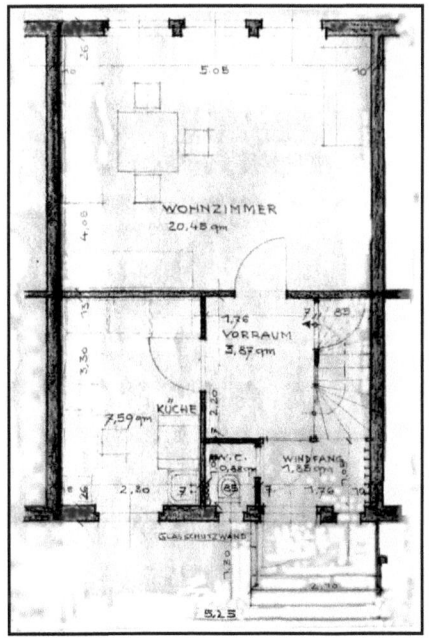

Erdgeschoss

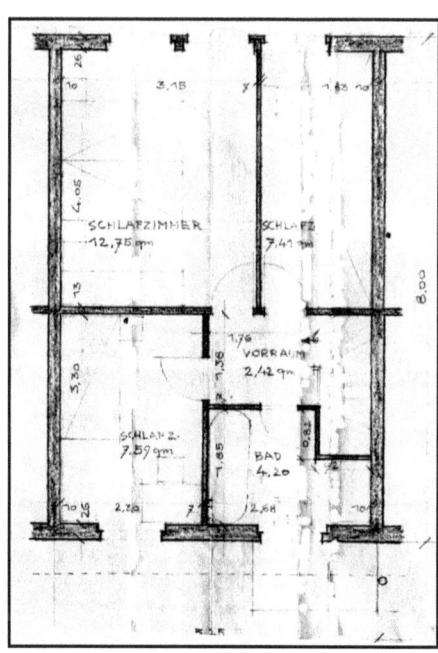

Obergeschoss

Mitte 1999 waren die vom Architekten Hans Waloschek gebauten Teile der Großsiedlung Dresden-Trachau schon weitgehend renoviert und modernisiert, wie in den folgenden Bilden dokumentiert ist. Damals wäre Hans Waloschek gerade 100 Jahre alt geworden und hätte sich wohl über den Zustand der Siedlung sehr gefreut! Wo nicht anders angegeben wurden die Fotos von Pedro Waloschek im Juli 1999 aufgenommen.

Blick in die heutige Richard-Rösch-Straße (nach links) von der Ecke zur Industriestraße (nach rechts) aus gesehen. Foto Klaus Brendler 1998.

Eingänge zu den Häusern in der Industriestraße von den dahinterliegenden Hausgärten. Ganz hinten die Rückseite Richard-Rösch-Straße Nummer 2.

52

Im Bild rechts, das Gebäude Richard-Rösch-Straße 1, links das Gebäude Industriestraße 68, das nicht von der GEWOG-Dresden entworfen wurde.

Richard-Rösch-Straße Nr. 18 bis 24 mit dem Eingang zum Bürgerzentrum ELSA.

Nach links, Kleestraße Nr. 2 bis 6, nach rechts Richard-Rösch-Straße 19 bis 33.

Richard-Rösch-Straße, gesehen von der Schützenhofstraße. Das erste Haus links hat die Nr. 40 und im II. Stock wohnte Richard Rösch bis 1933.

Nach links die Wohnzeilen in der Carl-Zeiss-Straße (Nr. 30 bis 48) und nach rechts die Häuser in der Dopplerstraße (Nr. 3 und 5).

Fraunhoferstraße ab Nr. 3 (links) bis 33, am Ende, abgewinkelt die Carl-Zeiss-Straße, ab Nr. 48. Die Gebäude rechts im Bild wurden nicht von der GEWOG-Dresden erstellt.

Blick vom inneren Hausgarten auf die Wohnzeile in der Fraunhoferstraße, fotografiert von Klaus Brendler 1998.

WGTN
Die Wohnungsgenossenschaft Trachau-Nord eG

Die Wohnungsgenossenschaft Trachau-Nord eG wurde auf Initiative des Bürgervereins und aktiver Bewohner unserer Wohnsiedlung am 5. März 1994 gegründet. Ziel der Gründung war, die künftigen Geschicke selbst in die Hand zu nehmen und einer Veräußerung der Wohnhäuser an einen oder mehrere private Investoren zu vermeiden.

Die Planung der Wohnsiedlung Trachau erfolgte in den 20iger und 30iger Jahren durch die Architekturbüros Hans Richter, Hans Waloschek sowie Schilling und Gräbner. Hierbei wurden Freiräume im Bebauungsplan bereits großzügig vorgesehen. Die Gliederung der Siedlung erfolgte nach funktionalen Prinzipien unter Berücksichtigung einer klaren und einfachen Formsprache des Baustils der Neuen Sachlichkeit.

Der Gebäudebestand unserer Genossenschaft stammt aus den Jahren 1929 bis 1939. Ein Großteil der vor 1933 konzipierten und gebauten Häuser verfügte schon damals über ein Bad und Anschluß an die Fernheizung. Nach ca. 60 Jahren, in denen bis auf notwendigste Instandhaltungs- und Reparaturarbeiten keinerlei Verbesserungen an den Gebäuden vorgenommen wurden, war die grundlegende Sanierung sämtlicher Gebäude die erste vordringliche Aufgabe. 1996 begannen die Arbeiten zur Sanierung unter Beachtung der denkmalschutzrechtlichen Forderungen. Das wird besonders in der farblichen Gestaltung unserer Häuser sichtbar, die der Sachlichkeit der 20iger und 30iger Jahren entspricht.

Wir haben unser Ziel erreicht und können uns auf einen Wohnungsbestand von 1657 modernen Wohnungen stützen, die unseren Mitgliedern zur Nutzung zur Verfügung stehen. Die WGTN verfügt über Wohnungen, die für Familien mit Kindern als auch für Singles geeignet sind. Die Häuser haben, bis auf wenige Ausnahmen, nur drei Geschosse und sind von großzügigen Grünanlagen umgeben. Besonders für Familien mit Kindern ist das Wohnumfeld attraktiv.

Unseren älteren Bewohnern bieten wir speziell ausgestattete Wohnungen im „Betreuten Wohnen" auf der Halleystraße 9 - 19 an, die auf deren Bedürfnisse abgestimmt sind.

(Aus www.wgtn.de, mit freundlicher Genehmigung der WGTN)

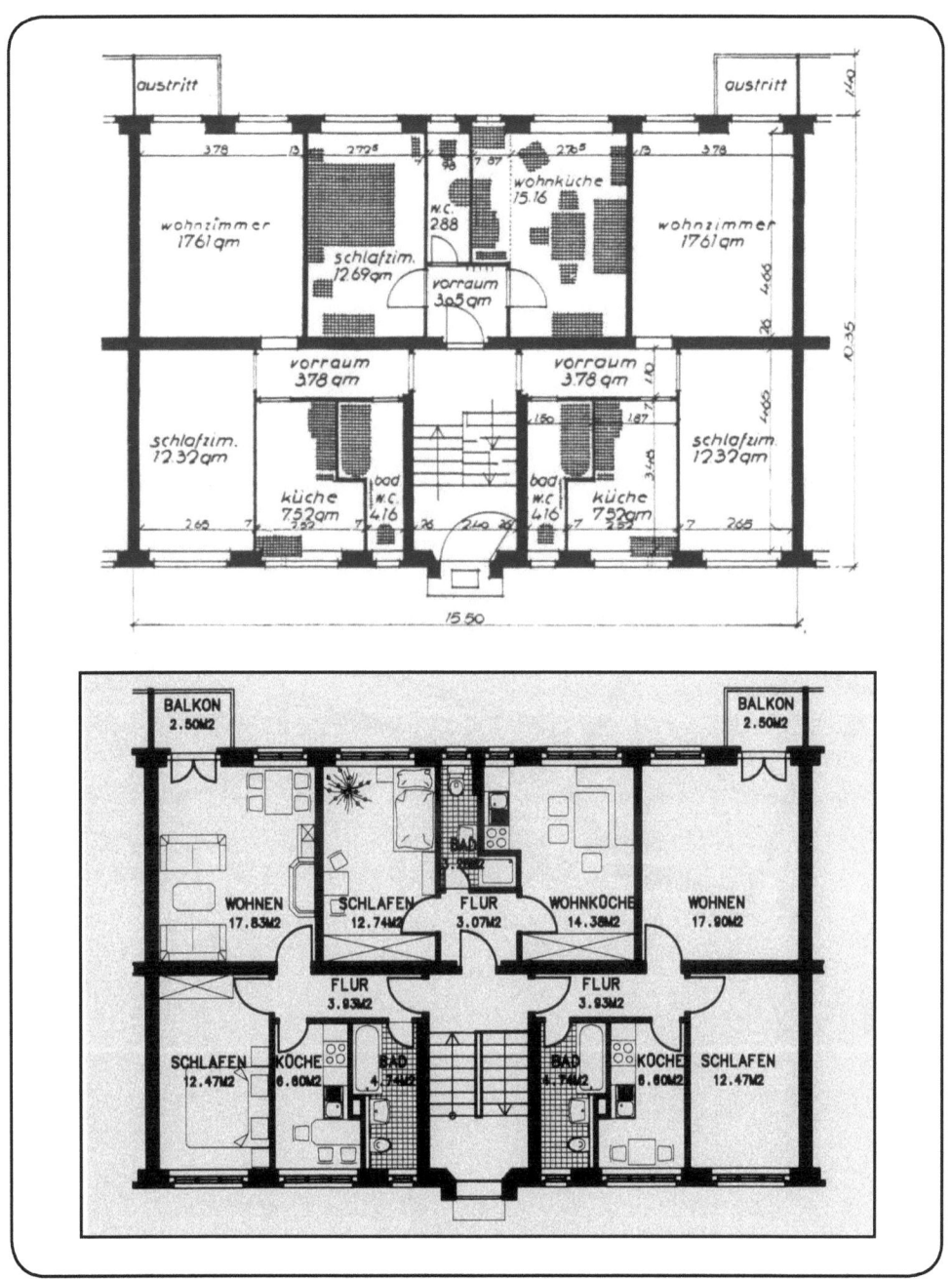

Beispiel von drei Wohngen an einem Flur. Oben, vor der Renovierung und unten danach. Zeichnungen aus **[GE31]** (oben) und **[St00]** (unten).

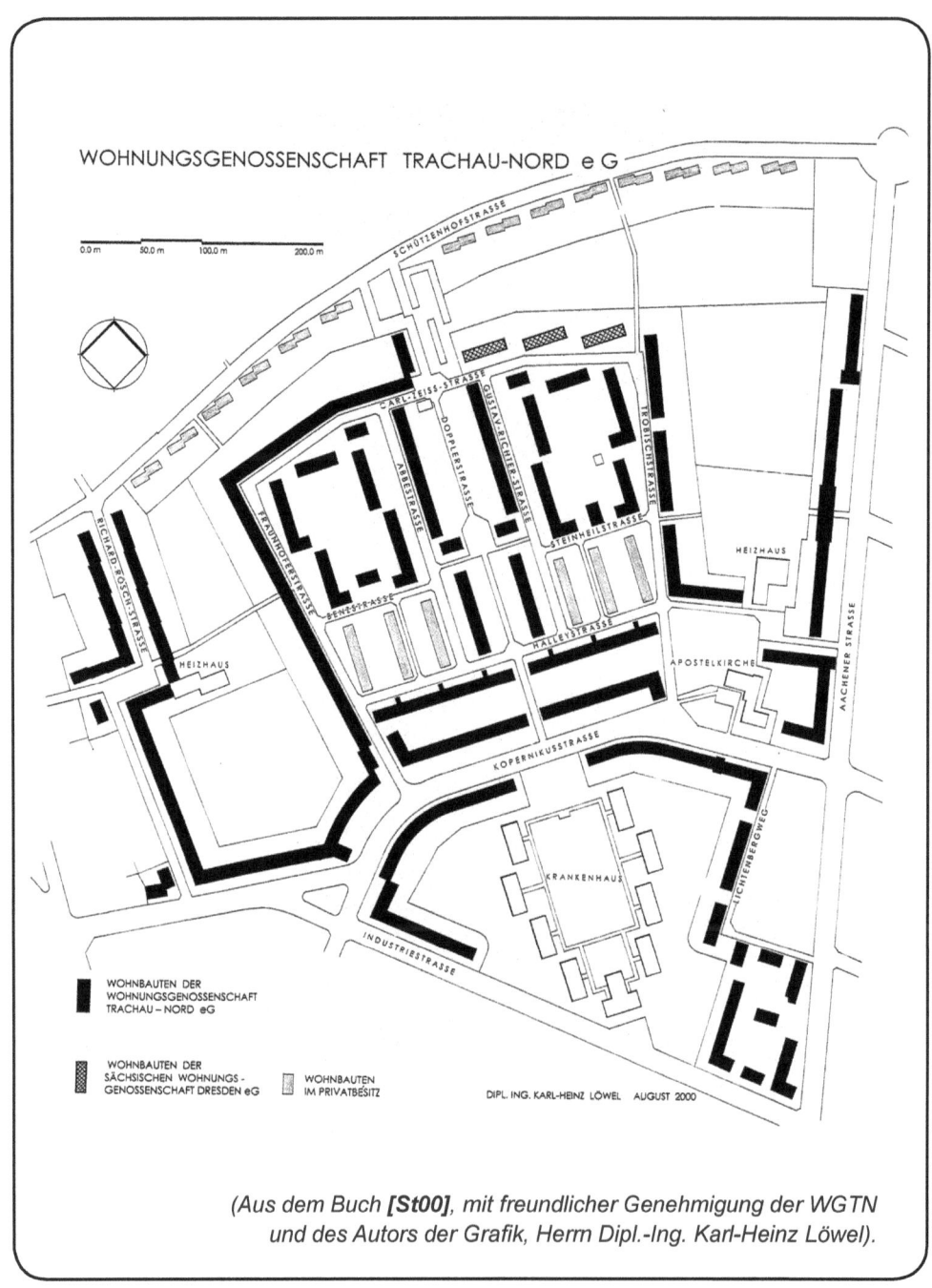

(Aus dem Buch [St00], mit freundlicher Genehmigung der WGTN und des Autors der Grafik, Herrn Dipl.-Ing. Karl-Heinz Löwel).

Die Eigentumsverhältnisse in der Großsiedlung Dresden-Trachau im Jahr 2000.

Zur Geschichte der Großsiedlung Dresden-Trachau

1921 und 1923 gab es erste Bestrebungen, das Areal der heutigen Großsiedlung nach Grundsätzen bodenreformerischer Ideen und Heimstättengedankens zu bebauen. Um der Bodenspekulation entgegenzuwirken, hatte hier die ehemalige Amtshauptmannschaft Dresden einen wesentlichen Teil des Geländes erworben.

1925 Das städtische Hochbauamt führte im Zusammenhang mit der »Studie zum Bebauungsplan von Groß-Dresden« mehrere Standortuntersuchungen durch. Hierzu gehörte der »Entwurf zu einer Siedlung im Stadtteil Trachau« vom 1. Juni 1925.

1927/28 Unter Stadtbaurat Paul Wolf wurde der verbindliche Bebauungsplan entwickelt. Die Stadt Dresden stellte Bauland und Finanzmittel zur Verfügung und wurde damit Hauptgesellschafter für das Gesamtvorhaben. Bauträger waren: der »Allgemeine Sächsische Siedlerverband« ASSV, die »Gemeinnützige Wohnungs- und Heimstättengesellschaft für Arbeiter, Angestellte und Beamte« GEWOG, die »Gemeinnützige Wohnungsbau-Aktiengesellschaft Dresden« GEWOBAG und die »Bauhütte Dresden«

1927 Baubeginn am Güntz-Heim

1927 bis 1929 Apostelkirche von Oswin Hempel

1929 bis 1933 Neubauten im wesentlichen geprägt durch die Moderne von Hans Richter und Hans Waloschek sowie im traditionellen Stil durch Schilling & Graebner

1933 bis 1939 wurde der Bebauungsplan der Siedlung durch Vertreter des NS-Regimes grundsätzlich geändert und die Wohnbebauung der Siedlung nach Entwürfen der Architekten Ernst Ufer, Kurt Müller und Willimartin Romberger nahezu vollständig abgeschlossen

1957/58 Errichtung der letzten drei Wohnblöcke in der Großsiedlung

1949 bis 1990 VEB Kommunale Wohnverwaltung der Stadt Dresden

1985 wurde die Siedlung auf Initiative des Instituts für Denkmalpflege in die Denkmal-Liste des Bezirkes Dresden aufgenommen

1991 Wohnbau NordWest GmbH übernimmt die Verwaltung als städtisches Unternehmen

1993 erfolgte nach dem Sächsischen Denkmalschutzgesetz die Neuerfassung als Kulturdenkmal

1994 Gründung der Wohnungsgenossenschaft Trachau-Nord eG

1996 ging der wesentliche Teil der Großsiedlung Trachau (1770 Wohnungen mit 92440 m² Wohn- und Gewerbefläche) in das Eigentum der »Wohnungsgenossenschaft Trachau-Nord eG« über. Die Sanierung der Siedlung begann im Mai 1996

2000 konnte die Sanierung der Siedlung und ihrer Freiflächen abgeschlossen werden.

(Aus www.wgtn.de, mit freundlicher Genehmigung der WGTN)

1.4 Die Häuser an der Sonnenlehne

Über diese Häuser hat Hans Waloschek 1929 und 1931 in der Zeitschrift „Sächsische Siedlung" des Allgemeinen Sächsischen Siedlerverbands (**ASSV**) berichtet, unter den Titeln: „Die erste Flachdachsiedlung in Dresden" **[WH29]** und „Die Flachdachsiedlung ‚Sonnenlehne' in Dresden-Trachau" **[WH31]** und dann 1932 in der Zeitschrift der Deutschen Linoleum-Werke A.-G., „Das massive Einfamilienhaus" **[WH32]**. Der ASSV hat 1929/30 als Werbung für diese Häuser einen interessanten und sehr informativen 12-seitigen Prospekt verteilt **[AS30]**.

Einer der ersten Aufträge der GEWOG-Dresden war der Bau von Häusern für Mitglieder des Allgemeinen Sächsischen Siedlerverbandes, die eine „**Siedlergemeinschaft Sonnenlehne e.V.**" im Allgemeinen Sächsischen Siedlerverband E.V. (ASSV) dafür gegründet hatten. Es handelt sich um eine Reihe von insgesamt 14 freistehenden Häusern mit je vier Wohneinheiten entlang der

Schützenhofstraße, 39 bis 101 und 105 bis 151

(ungerade Zahlen), also insgesamt um 56 Wohneinheiten. Die Nummer 103 war für ein nicht näher spezifiziertes Gebäude an der Kreuzung mit der (dort anfangenden) Dopplerstraße vorgesehen, das nie gebaut wurde.

Diese Häuserreihe bildet die nördliche Grenze der **Großsiedlung Dresden-Trachau**, die im verbindlichen Bebauungsplan der Gegend schon zum größten Teil als **Flachdachsiedlung** im modernen **BAUHAUS-Stil** vorgesehen war, eine damals sehr umstrittene Entscheidung.

Die für die Häuser bestimmten Grundstücke wurden schon viele Jahre vorher vorsorglich von der Stadt Dresden erworben und im schon erwähnten Bebauungsplan berücksichtigt. Die Stadt Dresden hat damals die Parzellen im „**Vereinserbbaurecht**" an die ASSV-Siedler übertragen, ein Verhältnis, das aber in den 90er Jahren durch besondere Einzahlungen aufgelöst wurde (laut Aussage einer der Eigentümer).

Da alle Häuser an einem sonnigen Südhang lagen und eine schöne Aussicht hatten, entstand die Bezeichnung „**Häuser an der Sonnenlehne**". Wegen ihrer Form und Größe bekamen sie auch die Spitznamen „Vogelbauer" oder „Dreimeterlhäuser". Was den modernen Baustil betrifft, so wurde er gelegentlich als „Schuhkarton-Architektur" verspottet und die ganze Großsiedlung wird (auch noch heute) scherzhaft „Neu Jerusalem" genannt.

Jede Wohneinheit hatte einen eigenen Eingang von der Schützenhofstraße her und einen eigenen Garten. Man hat sie deshalb damals „Einfamilienhäuser" genannt, heute würde man sie vielleicht eher als „Reihenhäuser" bezeichnen.

Die Häuser waren vom Anfang an in **Privatbesitz** der Siedler – die dafür ja ihre Beiträge oder ein bestimmtes Eigenkapital eingezahlt hatten – und blieben es bis heute, auch in DDR-Zeiten. Sie wurden schon 1985 (mit der ganzen Großsiedlung Dresden-Trachau) **unter Denkmalschutz** gestellt.

Die Grundstücke der Häuser sind so abschüssig, dass Untergeschoss (Keller) und Garten eine Etage tiefer liegen als der Haupteingang von der Schützenhofstraße. Im Erdgeschoss wurde Wohnzimmer, Esszimmer und Küche untergebracht, im ersten Stock die beiden Schlafzimmer und das Bad (mit Badewanne). Die Aufenthaltsräume und Schlafzimmer sind zur sonnigen Südseite angeordnet, während die Wirtschaftsräume auf der Straßenseite liegen. Die Wohnfläche beträgt 73 Quadratmeter und mit dem Aufenthaltraum im Keller fast 90 Quadratmeter. Weitere technische Einzelheiten wurden in dem Prospekt des ASSV erläutert und sind auf den nächsten Seiten (Kästen) wiedergegeben.

Hans Waloschek hat seine damalige Einstellung zu den **Flachdächern** etwas vehement in seinen Publikationen begründet und verteidigt (s. auch Kasten). In späteren Jahren hat er seine Meinung dazu geändert und meinte, dass ein Steildach aus guten Dachpfannen im Laufe der Jahre immer dichter wird, ein Flachdach dagegen immer wieder gewartet oder sogar repariert werden muss. Er hatte sich da schon genügend über Reparaturen an Flachdächern geärgert! Und außerdem war er später zu dem Schluss gekommen, dass gute und moderne Architektur nicht so sehr von der Dachform, sondern eher von der gut durchdachten und funktionellen Aufteilung der Räumlichkeiten abhängt.

Waloscheks damaliges Argument, das Dachböden zum Wäschetrocknen wegen der zentralen Wäscherei überflüssig waren, galt natürlich nur solange es noch diese Zentralwäscherei gab. Mit kleinen Waschmaschinen und späteren Wäschetrocknern wurde das Problem dann anders gelöst. Über die erwähnte zusätzliche Sonne (s. Kasten) für die Nachbarhäuser könnte man im Fall der Schützenhofstraße sicher auch streiten.

Allerdings sind die Dächer in der ganzen Großsiedlung Trachau nicht vollkommen flach, wie sie zum Beispiel in Hamburg als „Wasserdächer" (wannenartig, mit Kies) gebaut werden. Sie haben eine geringe Neigung (etwa 5%), sodass das Wasser immer seitlich in eine Rinne geleitet wird und durch ein Rohr abfließen kann.

Texte aus dem Prospekt 1929 des Allgemeinen Sächsischen Siedlerverbandes, E.V. über die Siedlung an der Sonnenlehne

Im ersten Bauabschnitt wird die Schützenhofstraße mit 56 Einfamilienhäusern in vierzehn Gruppen zu je vier Häusern bebaut. Auf jede Parzelle entfallen ca. 300 Quadratmeter Land einschließlich der durch das Haus bebauten Fläche.

Die Anordnung der einzelnen Gruppen bezweckt eine Belebung des Straßenbildes, die auch durch den vorhandenen älteren Baumbestand der Schützenhofstraße begünstigt wird.
Der Höhenunterschied zwischen Straße und Garten und die Sonnenlage erforderten die Anwendung eines besonderen Grundrisses, und dieser bestimmt die äußere Form.
Die Straßenseite der Häuser liegt nach Norden, und deshalb wurden Hauseingang, Treppenhaus und die Wirtschaftsräume nach dieser Seite gelegt. Das durch zwei Geschosse führende Treppenhaus ist schon von außen durch ein hohes Fenster erkenntlich.

Die Frage, ob Flachdach oder Steildach, wird heute in allen Kreisen lebhaft und meist wenig objektiv umstritten. Eine Untersuchung der Baugeschichte ergibt die Tatsache, daß seit Generationen in allen Ländern Flachdachkonstruktionen mit Erfolg ausgeführt wurden. In einer Siedlung wie der hier beschriebenen, in der Waschküchen und Trockenböden als Zentralanlagen mit modernsten Maschinen gebaut sind, werden die Dachböden überflüssig. Die von den Gegnern des Flachdaches angeführten Gründe gegen das flache Dach, die sich in Schönheitsmängeln und Heimatschutzgedanken erschöpfen, können uns nicht hindern, neue Bauten in jedem Falle mit Hilfe der wirtschaftlichsten Konstruktion zu gestalten. Hierzu kommen noch der Vorteil der geringeren Bauhöhe durch das Flachdach und der damit verbundene Gewinn an Südsonne, die den Nachbarhäusern zugute kommt. Die in der Siedlung Trachau gewählte Dachkonstruktion: massive Hohlsteindecke, 5 Zentimeter starke Isolierplatten, Aufbeton als Schutzdecke und dreifache Papplage (zwischen jeder Lage Asphaltklebemasse), bietet Gewähr für eine sehr lange Lebensdauer des Daches.

Bauausführung

Für die Ausführung wurde die Massivbauweise gewählt, und zwar: Fundamente in Beton, Kellermauern in Ziegelmauerwerk, Wände der Erd- und Obergeschosse sowie Haustrennwände aus gebrannten Aristos-Bausteinen.

Sämtliche Zwischendecken sind Massivdecken aus gebrannten Hohlsteinen und Aufbeton mit hoher Schallsicherheit.

Die Fenster der Wohn- und Schlafräume sind Doppelrahmenfenster.

Sämtliche Türen sind aus Sperrholz in bester Ausführung mit Weißbronzebeschlägen.

Die **Wohn- und Schlafräume** sind mit Linoleum, der Vorraum, Bad und Klosett mit Steinholz belegt.

Die **Beheizung** erfolgt bei 32 Häusern durch Ofenheizung; bei 24 Häusern wird Warmwasserheizung (Narag-System) mit Kessel im Kellergeschoß eingebaut. Die Heizkörper in diesen Häusern befinden sich an den Innenwänden. Die Häuser mit Ofenheizung haben einen großen Stubenofen und einen transportablen Kachelofen.

Die **Arbeitsküchen** erhalten kombinierte Herde für Gas und Kohle, in den zentral beheizten Küchen nur Gasherd. In allen Küchen befinden sich zweiteilige Spülbecken mit Schwenkhahn und Abfluß sowie Speisekammer oder Speiseschrank unter dem Fenster.

Die Einrichtung der **Bäder** besteht aus einer gußeisernen emaillierten Wanne, einem Gasbadeofen mit Brause und einem Wasserklosett.

Zur **Beleuchtung** und für den Betrieb elektrischer Apparate sind für jedes Haus 20 Anschlußstellen vorgesehen.

Die **Gartengrundstücke** werden mit einem Zaun eingefaßt. Die Vorgärten werden einheitlich mit Rasenflächen, Betoneinfassung und Anpflanzungen ausgestaltet. Die Anlage der Vorgärten als einfache Rasenflächen entspricht der übrigen Formgebung. Es wurden dadurch auch nur zwischen den einzelnen Gruppen niedrige Drahtgeflechteinfassungen nötig. Die Gartengrundstücke sind vollkommen eben. Sie wurden bisher landwirtschaftlich bearbeitet, so daß der Garten von den Siedlern ohne viel Mühe hergestellt werden kann.

In der Siedlung Dresden-Trachau steht den Hausfrauen eine modern ausgestattete Zentralwäscherei zur Verfügung.

Zeichnungen aus dem Prospekt 1929 des Allgemeinen Sächsischen Siedlerverbandes, E.V. über die Siedlung an der Sonnenlehne

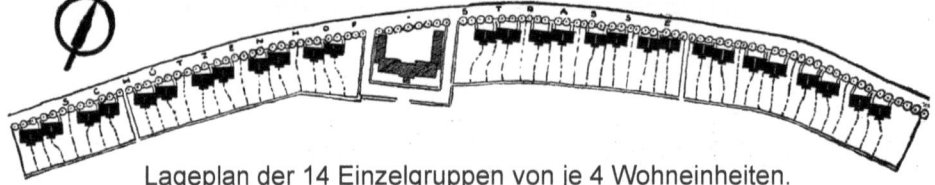

Lageplan der 14 Einzelgruppen von je 4 Wohneinheiten.
Das Gebäude in der Mitte wurde nicht gebaut.

Oben: Straßenseite, unten Gartenseite einer Einzelgruppe von 4 Wohneinheiten.

Raumgrößen:

Erdgeschoß:	Wohnzimmer	17,70 qm ⎫
	Arbeitszimmer . . .	9,45 qm ⎬
	Küche	6,05 qm
	Flur	5,80 qm
Obergeschoß:	Elternschlafzimmer .	13,55 qm
	Kinderschlafzimmer .	13,55 qm
	Bad	4,15 qm
	Bodenkammer . . .	4,43 qm
	Flur	3,20 qm
Kellergeschoß:	Gartenzimmer . . .	15,52 qm
	Kohlenkeller . . .	9,67 qm
	Vorratskeller . . .	4,65 qm

Durch eine große Wandöffnung miteinander verbunden

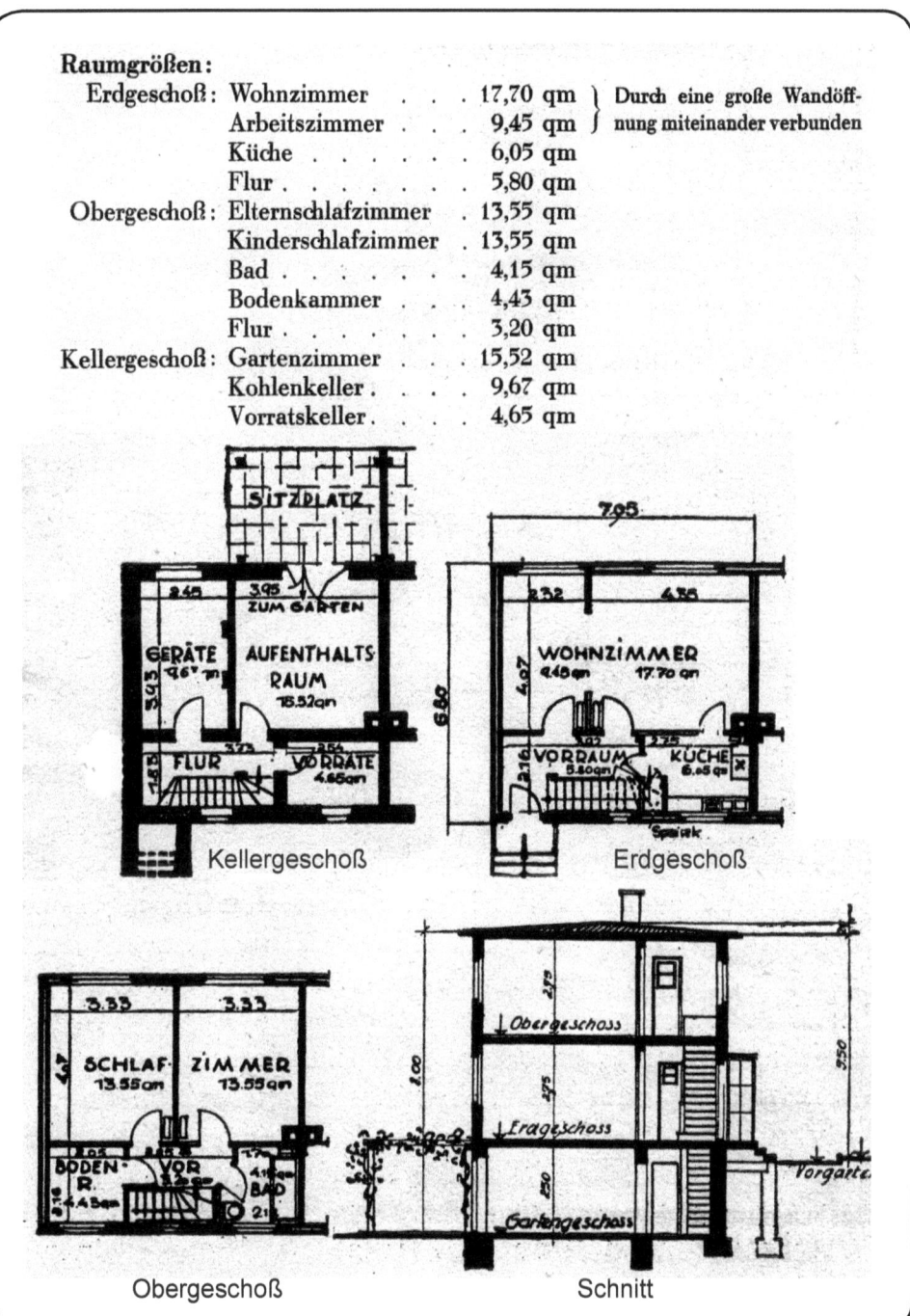

Kellergeschoß

Erdgeschoß

Obergeschoß

Schnitt

65

Die ersten Häuser in der Schützenhofstraße im Jahr 1930.

Die gleichen Häuser in der Schützenhofstraße im Jahr 1999.

Fotos 1930 aus dem Nachlass von Hans Waloschek,
Fotos 1999 von Pedro Waloschek.

Oben: Blick auf die Südseite der Häuser im Jahr 1930.

Rechts: Die Südseite im Jahr 1999.

Unten: Nordseite im Jahr 1999.

1.5 Die Jahrtausendsiedlung
in Meißen-Bohnitzsch

Diese Siedlung wird in den Hans Waloschek ausgestellten Zeugnissen der DEWOG und der GEWOG ausdrücklich als von ihm geleiteter Bau erwähnt. Erst nach längen Recherchen konnte Herr **Helmut Härtelt** (Stadtverwaltung Meißen) einen Komplex mit diesem Namen identifizieren. Unter der Bezeichnung „**Wohnsiedlung Meißen-Bohnitzsch**" hatte allerdings Dipl.-Ing. **Karl-Heinz Löwel** einen Teil der Siedlung schon vorher Hans Waloschek zugeordnet, was dann im 2006 erschienenen „**Architekturführer Meißen**" von Dr.-Ing. **Claus-Dirk Langer [La06]** bestätigt wurde. Im Bauarchiv der Stadt Meißen befinden sich Originalpläne dieses Vorhabens.

Nach einem Bericht, der 1992 zur Instandsetzung und Modernisierung eines Teiles dieser Siedlung erstellt wurde, stammt die Bezeichnung „**Jahrtausendsiedlung**" ursprünglich aus einer Ausschreibung (um 1928) des Stadtbauamtes Meißen für den Bebauungsplan der Gegend zwischen
Großenhainer Straße, Tzschuckestraße,
Karl-Marx-Straße und Dieraer Weg.
Den Zuschlag erhielt damals der von der GEWOG-Dresden ausgearbeitete Plan einer komplexen Siedlungsanlage, in der auch Grünflächen als Gemein-

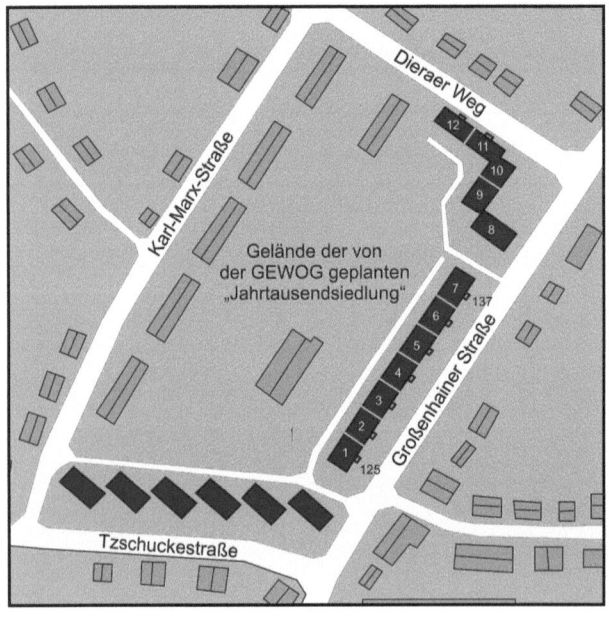

Skizze des Areals, das für die „Jahrtausendsiedlung" vorgesehen war. Die dunkel hervorgehoben Gebäude wurden bis 1933 erstellt. Die restlichen Gebäude (hell) wurden später im konventionellen Stil gebaut (mit Steildächern). Die Zeichnung entspricht grob dem Bebauungszustand im Jahr 2008.

schaftsanlagen vorgesehen waren. Das Grundstück dafür wurde von der Stadt zur Verfügung gestellt.

Der Bau wurde in mehreren Schritten durchgeführt. So hat die „Berliner Häuserbau-AG" die ersten drei Blocks entlang der Tzschuckestraße erstellt, dann die GEWOG-Dresden die lange Zeile entlang der Großenhainer Straße (Nummern 125 bis 137, ausführende Firma: Otto & Schlosser, Meißen) und auch die Häusergruppe an der Ecke zum Dieraer Weg. Schließlich wurden noch vor 1933 die restlichen drei Häuser in der Tzschuckestraße fertig gestellt. Diese Bauten entsprachen dem GEWOG-Bebauungsplan und den von Hans Waloschek bevorzugten funktionellen und rationellen BAUHAUS-Stil („Neues Bauen"). Sie waren klar gegliedert, hatten Flachdächer und die Fassaden wurden (nach Dessauer BAUHAUS-Muster) weiß gestrichen.

Wie die in der Großsiedlung Dresden-Trachau bestanden die Wohnzeilen der Siedlung aus Standard-Elementen („Häuser" genannt) mit je einem Treppenhaus und zwei oder drei Wohnungen in jedem der drei Stockwerke. Allerdings gab es hier Keller und Dachböden da anscheinend keine Zentralwäscherei vorgesehen war. Die Klein- und Kleinstwohnungen wurden im Rahmen des "Reichs-Notprogramms" erstellt und waren relativ bescheiden ausgelegt (s. Großsiedlung Dresden-Trachau). Neben Wohnküche, Schlafzimmer und eventuell einem Kinderzimmer war nur eine kleine Kammer für ein Klosett und eine weitere für ein Waschbecken vorgesehen.

Die weitere Bebauung des Areals der „Jahrtausendsiedlung" erfolgte erst ab 1934/35 unter der Leitung des Architekten **Willy Schubert**, im traditionellen, von den neuen Machthabern erzwungenen Stil. Dabei wurde das ursprüngliche Konzept der GEWOG-Dresden nicht weitergeführt.

Die aus 42 Wohneinheiten bestehende Zeile entlang der Großenhainer Straße wurde 1992 vollkommen renoviert und saniert. Die Häuser am Dieraer Weg waren 2008 noch in ihrem ursprünglichen Zustand. In der Fassade waren noch Einschusslöcher aus dem Jahr 1945 zu sehen.

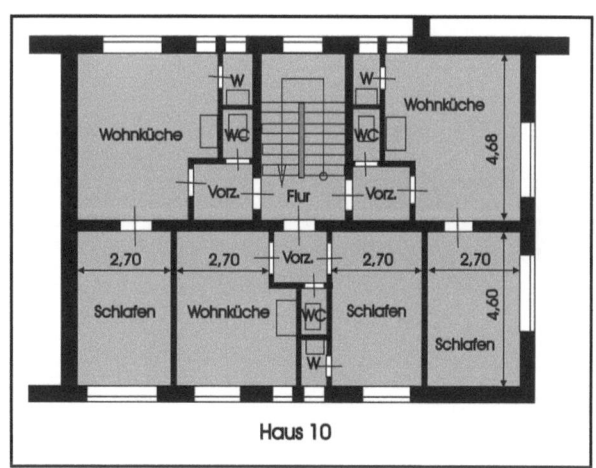

Beispiel von drei Kleinstwohnungen 1930.

Die Jahrtausendsiedlung in Meißen-Bohnitzsch
Fotos aus dem Nachlass von Hans Waloschek.

Baugerüst des Wohnblocks an der Großenhainer Straße im Jahr 1930.

Ein weiteres Bild des Baugerüsts an der Großenhainer Straße im Jahr 1930.

Front zur Großenhainer Straße kurz nach der Fertigstellung im Jahr 1930.

Hinterseite des Wohnblocks in der Großenhainer Straße kurz nach der
Fertigstellung im Jahr 1930. Hinten (links) im Bau, die Häuser am Dieraer Weg.

Die Jahrtausendsiedlung in Meißen-Bohnitzsch

Fotografiert 1999 von Pedro Waloschek.

Zwei Ansichten der Front zur Großenhainer Straße nach der im Jahr 1992 stattgefundenen Instandsetzung und Modernisierung.

Hinterseite des Wohnblocks in der Großenhainer Straße nach der im Jahr 1992 stattgefundenen Instandsetzung und Modernisierung.

Front des Wohnblocks zum Dieraer Weg im Jahr 1999, der 2008 noch nicht instandgesetzt und modernisiert war.

1.6 Die GEWOG-Häuser in Dresden-Gittersee

Herr **Gert-R. Lechner**, der selbst in der naheliegenden und auch von Hans Waloschek entworfenen Siedlung Dresden-Coschütz wohnt, berichtete, dass ältere Bewohner der Gegend zwei Häuserblocks in der Karlsruher Straße, die denen der Großsiedlung Dresden-Trachau im Stil sehr ähnlich sehen, als **„GEWOG-Häuser"** bezeichneten. Dies konnte Architekt **Karl-Heinz Löwel** auf Grund seines Archivs auch bestätigen. Die Bauten werden auch in den 1932 von der DEWOG und GEWOG ausgestellten Zeugnissen für Hans Waloschek erwähnt. Herr **Dirk Kaden** (Berlin), der über die Bauten der DEWOG-Gruppe recherchiert, hat dann freundlicherweise weitere Information zur Verfügung gestellt **[Ka08]**.

Die beiden Gebäude in der Karlsruher Straße 128 und 130 gehören in ihrem Stil eindeutig zu den modernen Flachdachbauten, die Hans Waloschek für die GEWOG-Dresden geplant hat. Als solche wirkten sie wohl recht auffallend in der eher konventionell bebauten Umgebung. Es ist sehr wahrscheinlich,

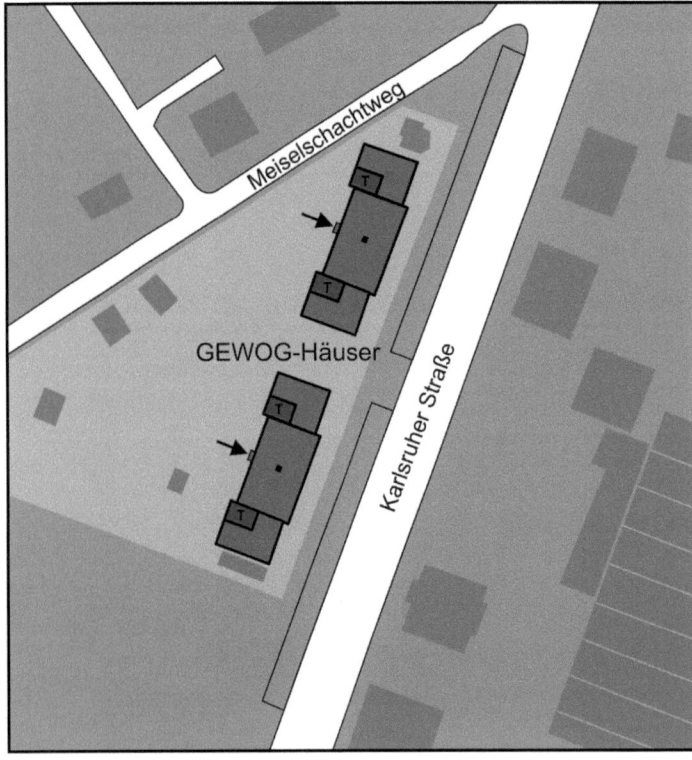

Lageplan der GEWOG-Häuser in Dresden-Gittersee. Die Eingänge sind von hinten (s. Pfeile). Die Dachterrassen sind mit „T" gekennzeichnet.

Hinterseite (mit Eingang in der Mitte) eines der beiden GEWOG-Häuser in der Karlsruher Straße. Fotografiert 2008 von Gert-R. Lechner (Fotomontage).

dass die GEWOG-Dresden weitere Bauten dieser Art in der Gegend erstellen wollte, was dann ab 1933 natürlich nicht mehr möglich war.

Jedes der beiden Häuser besteht aus einem mittleren Trakt und zwei seitlichen. Der mittlere Trakt besteht heute aus Erdgeschoß und drei Stockwerken, während die beiden seitlichen je ein Stockwerk weniger haben. Alle Wohnungen der beiden Häuser sind jeweils nur durch ein zentrales Treppenhaus (von hinten) zugänglich. Die Wohnungen in den Seitentrakts erreicht man (etwas unkonventionell) nur über einen Balkon. Dadurch entsteht eine gewisse äußere Ähnlichkeit mit den **Laubenganghäusern**, wie sie damals von Hannes Meyer in Dessau und von Hans Richter in Dresden-Trachau gebaut wurden.

Im mittleren Teil und in den Seitenteilen sind in jedem Stockwerk je zwei Wohnungen untergebracht. Es ergeben sich somit in den zwei Gebäuden insgesamt 28 Wohneinheiten. Die beiden Wohnungen im dritten Obergeschoß des mittleren Trackts haben auf den Dächern der seitlich Trackts je eine Dachterrasse.

Herr **Dirk Kaden** konnte dazu Folgendes ergänzen **[Ka08]**: *Es handelt sich um Häuser vom „**kombinierten Laubengangtyp**". Diesen Typ wendeten neben Hans Waloschek insbesondere die Architekten Albrecht Jäger und Hugo Leipziger für den Wohnungsbau des DEWOG-Unternehmens*

„Oberschlesischer Kleinwohnungsbau G.m.b.H." (prominenteste Siedlung: Friedrich-Ebert-Hof in Ratibor) an. In einer der Ausgaben der Zeitschrift „Wohnungswirtschaft" finden sich Grundrisse dieses Typs. Dort wird auch die Besonderheit beschrieben, dass die Wohnungen im mittleren Trakt jeweils um ein halbes Geschoss versetzt sind.

Die GEWOG-Häuser in Gittersee, so wie sie Hans Waloschek entwarf, umfassten 24 Wohnungen. Erst in den Folgejahren wurde der Dachboden im mittleren Trakt zu Wohnungen ausgebaut (heute 28 Wohnungen) und die Dachterrassen angelegt. Im Zuge der Sanierung der Häuser wurden vermutlich auch die dreiflügeligen Fenster durch zweiflügelige Fenster ersetzt.

Heutige Straßenansicht der GEWOG-Häuser in Dresden-Gittersee, Karlsruher Straße 128 und 130. Foto Dirk Kaden.

1.7   Das VOLKSHAUS Schönheide

Das „Volkshaus Schönheide" wird in Zeugnissen und Werkslisten von Hans Waloschek erwähnt. In seinem Nachlass wurden aber keine weiteren Unterlagen darüber gefunden. Im Oktober 2001 konnte jedoch Herr **Michael Härtel**, Amtsleiter der Bauverwaltung der Gemeinde Schönheide, das Gebäude und seinen Architekten eindeutig identifizieren. Er hat freundlicherweise sehr interessante Information darüber – einschließlich Fotos und Kopien von Bauplänen – zur Verfügung gestellt. Einen Hinweis auf die Bauzeit vermittelt eine später antiquarisch entdeckte Postkarte.

Das meist als **„VOLKSHAUS Schönheide"** bezeichnete Gebäude in der
Oberen Straße Nr. 8 (Flurstück Nr. 759)
in Schönheide im Erzgebirge, **Landkreis Aue-Schwarzenberg**,
wurde für den **„Sport- und Arbeiterheim e.V."** (Schönheide, Erzgeb.) errichtet. Dieser Verein ist in den Bauplänen vom August 1929 als „Bauherr" eingetragen. Für Entwurf und Bauleitung war die **„GEWOG-Dresden"** zuständig (Stempel und Unterschrift **„Waloschek"**). Das Gebäude wurde 1995/96 renoviert und umgebaut und befindet sich in gutem Zustand.

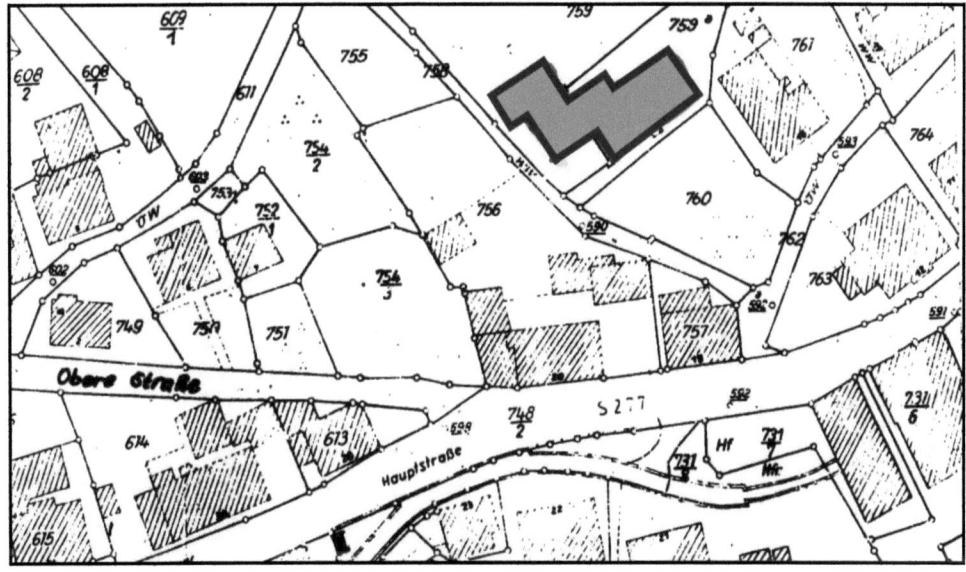

Lageplan des Volkshauses in Schönheide im Erzgebirge.

Sport- u. Arbeiterheim e. V.   Schönheide, Erzgeb.

Alleinvertrieb durch Sport- u. Arbeiterheim Schönheide.

20 Pf. für Volkshaus=Baufonds

Linker Neubau (6 Wohnungen, Jugendz., Büro, Verwaltungsräume) 1929 unter der Bauleitung der GEWOG-Dresden erstellt. Dahinter der Sportplatz. Rechts frühere GEG-Bürstenfabrik, enthält Volkslichtspiele und Gasträume, geplant Hochbau als Turnhalle.

Unterstützt und fördert das Volkshaus

Postkarte zur Werbung für den Volkshausbau in Schönheide.

Text auf der Rückseite der Postkarte.

Skizze des zweiten Bauabschnittes laut Bauplänen.

Sport- u. Arbeiterheim e. V.   Schönheide, Erzgeb.

Nach den Plänen von 1929 handelt es sich um ein relativ kleines aber in seinen Funktionen vollständiges **Volkshaus**, das den sozialen Ansprüchen der Einwohner der damaligen Gemeinde Schönheide und ihrer Umgebung entsprechen sollte.

Eine klare Gliederung in einen **Gaststättenbereich** (mit Bierausschank und Kegelbahn), einen gut ausgestatteten **Festsaal** (mit Bühne und Lichtbildeinrichtungen), einigen **Büroräumen** und einem **Wohntrakt** ist leicht in den Plänen erkennbar. Ein gleich dahinter liegender Sportplatz war wohl der Anlass, den großen Festsaal auch als **Turnhalle** zur Verfügung zu stellen.

Wie beim Architekten Hans Waloschek damals üblich, wurde auf jede Art unnötiger Verzierung verzichtet. Raumaufteilung und Anordnung der Fenster entsprechen den Kriterien der reinen Funktionalität. Allerdings konnte er das Äußere nicht ganz in dem von ihm damals bevorzugten Stil gestalten. Er musste – wahrscheinlich laut Bauvorschriften – alle Teile des Gebäudes mit Steildächern versehen. Sie wurden mit deutschen Schindeln gedeckt.

Durch eine nähere Untersuchung der Baupläne von 1929 und mit Hilfe der schon erwähnten Postkarte und seiner rückseitigen Beschriftung kommt man zu dem Schluss, dass der Bau in zwei Abschnitten durchgeführt wurde, die aber beide schon in den Plänen vorgesehen waren.

In einem **ersten Bauabschnitt** wurde neben einem noch existierenden Gebäude einer früheren GEG-Bürstenfabrik (*) ein **„Sechsfamilien-Wohnhaus"** errichtet, in dem schon einige Räumlichkeiten für das geplante Arbeiterheim integriert waren. Dieser erste Teil ist in den Plänen durch dunkel markiertes Mauerwerk gekennzeichnet. Im **Untergeschoß** befand sich neben der breiten Eingangstreppe u.a. eine Waschküche, zwei Vorratskeller und zwei Büroräume. Im darunterliegenden **Kellergeschoss** waren die Heizung, das Kohlelager und drei kleine Kellerräume untergebracht. In den Plänen ist nicht zu erkennen, welcher Teil der Anlage zentral geheizt wurde, aber es muss sich mindestens um den Festsaal und den Gaststättenbereich gehandelt haben. Die sechs Wohnungen konnten Öfen an eingebaute Schornsteinrohre anschließen. Im **Erdgeschoss** waren schon geeignete Toiletten und eine Garderobe für den zukünftigen Turn- und Festsaal vorgesehen – und außerdem die ersten zwei der insgesamt sechs Wohnungen.

Die **zwei Obergeschosse** beinhalteten die vier weiteren Wohnungen, den Zugang zur Galerie des zukünftigen Festsaals und zum Bildwerferraum. Der

---

(*) „GEG" war die „Großeinkaufs-Gesellschaft Deutscher Konsumvereine", die 1925 die „Konsum-Bürstenfabrik Stützengrün" (Nachfolgerin des „Konsum-Vereins Schönheide") übernommen hat und somit der größte und modernste Bürstenfabrikant Deutschlands wurde. Mehr Daten darüber findet man im „Bürsten- und Heimatmuseum Schönheide" (s. Internet).

große Saal sollte auch als Kino dienen. Über das Treppenhaus hatte man auch Zugang zum Dachstuhl.

Drei der sechs **Wohnungen** hatten 48,0 m² Wohnfläche und drei 50,6 m². Sie bestanden aus Vorraum, Wohnküche, Stube und Kammer. Jede hatte ein eigenes, nur 80 cm breites „Bad" (mit abgetrenntem WC) in dem kaum ein Waschbecken Platz haben könnte.

Der wohl aus finanziellen Gründen erst später durchgeführte **zweite Bauabschnitt** beinhaltete den Umbau des alten Fabriksgebäudes und den Bau der großen Festhalle. In den Bauplänen steht deshalb (unten rechts) auch die zusätzliche Bezeichnung **„Arbeiterheim Schönheide"**. Teile der entsprechenden Mauern sind hell oder schraffiert markiert. Erst mit diesem zweiten Abschnitt wurden wohl die Wünsche der Bauherren erfüllt.

Die untere Etage der ehemaligen Bürstenfabrik (später Untergeschoss genannt) konnte gut in das Volkshaus-Konzept integriert werden. Es entstand dort ein 145 Quadratmeter großer **Gästeraum** (9 x 16 Meter), mit Küche, einer Ausschänke (für Speisen und Bier) und Umkleiderräumen, die alle von Außen direkt zugänglich waren und somit praktisch als unabhängige **Gaststätte** benutzt werden konnten.

Daneben wurde ein langer **Abstellraum** (für Stühle) und eine 26,5 m lange **Kegelbahn** eingeplant, die (wie der Gästeraum selbst) in gleicher Höhe wie die Büros, der kleine Versammlungsraum und die Toiletten lagen (also im Erdgeschoss, unter dem Wohnblock) und von dort leicht erreichbar waren.

Das Obergeschoss der ehemaligen Bürstenfabrik war für eine große Turnhalle nicht geeignet. Es mussten neue, tragfähige Säulen (mit Fundamenten) und eine stabile Decke eingebaut werden. Der Hauptzugang zu diesem **„Turn- und Festsaal"** war über die breite Treppe des Wohnblocks vorgesehen

Der **Festsaal**, mit einer Fläche von 273 m² (13 m x 21 m) und 8,30 m lichter Höhe, fasste 360 Sitzplätze im Parterre und weitere 72 in der höher

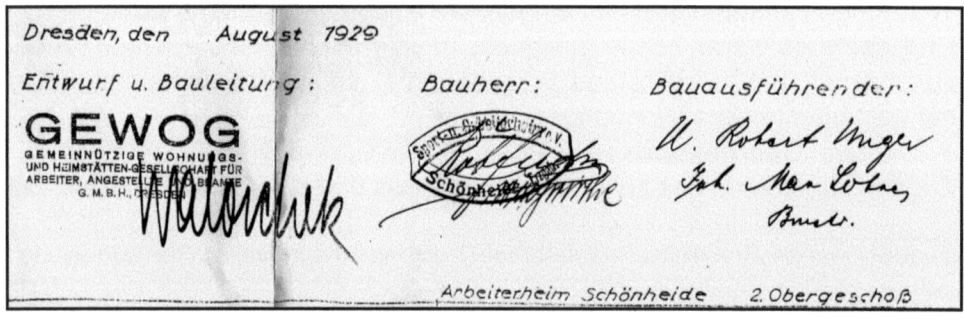

Stempel und Unterschriften auf den Plänen des Volkshauses Schönheide 1929.

liegenden Galerie. Eine Bühne (mit getrenntem Hintereingang und Umkleideräumen) und ein Lager für Turngeräte waren auch vorgesehen. Die Stühle des Festsaals konnten bei Bedarf in einem dafür vorgesehenen Raum im Erdgeschoss abgestellt werden.

Über die Nutzung des Volkshauses nach seiner Fertigstellung und bis zum Kriegsende haben wir zur Zeit keine Daten. Es ist anzunehmen, dass der „Sport- und Arbeiterheim e.V." 1933 von den Nationalsozialisten enteignet und der Deutschen Arbeitsfront (DAF) unterstellt wurde.

Über die Zeit nach dem Kriegsende konnte dagegen Herr Michael Härtel einiges berichten. Das DDR-Energieversorgungsunternehmen unterhielt eine Zeit lang im Erdgeschossbereich eine Außenstelle. Ein Kindergarten, sowie Schulhort waren auch vorhanden. Im Haus war dann eine Zeit lang auch ein Kino untergebracht, wofür der große Saal ja besonders geeignet war. Einen wirtschaftlichen Betrieb als Kino oder Theater kann man sich allerdings heute kaum mehr vorstellen.

Das Gebäude wurde **1995/96 komplett saniert und umgebaut**. Es entstanden 16 Wohneinheiten mit allem notwendigen Komfort. Aufgrund der neuen Fensteranordnung (s. Fotos) kann man folgen, dass der große Festsaal mit Zwischendecken in insgesamt drei Stockwerke aufgeteilt wurde. Das Gebäude befindet sich (2001) im Eigentum der Gemeinde Schönheide.

––––––

Westansicht des Volkshauses mit dem Haupteingang zu den Wohnungen und zum Turn- und Festsaal (in der Mitte) und rechts dem Eingang zur Gastwirtschaft.

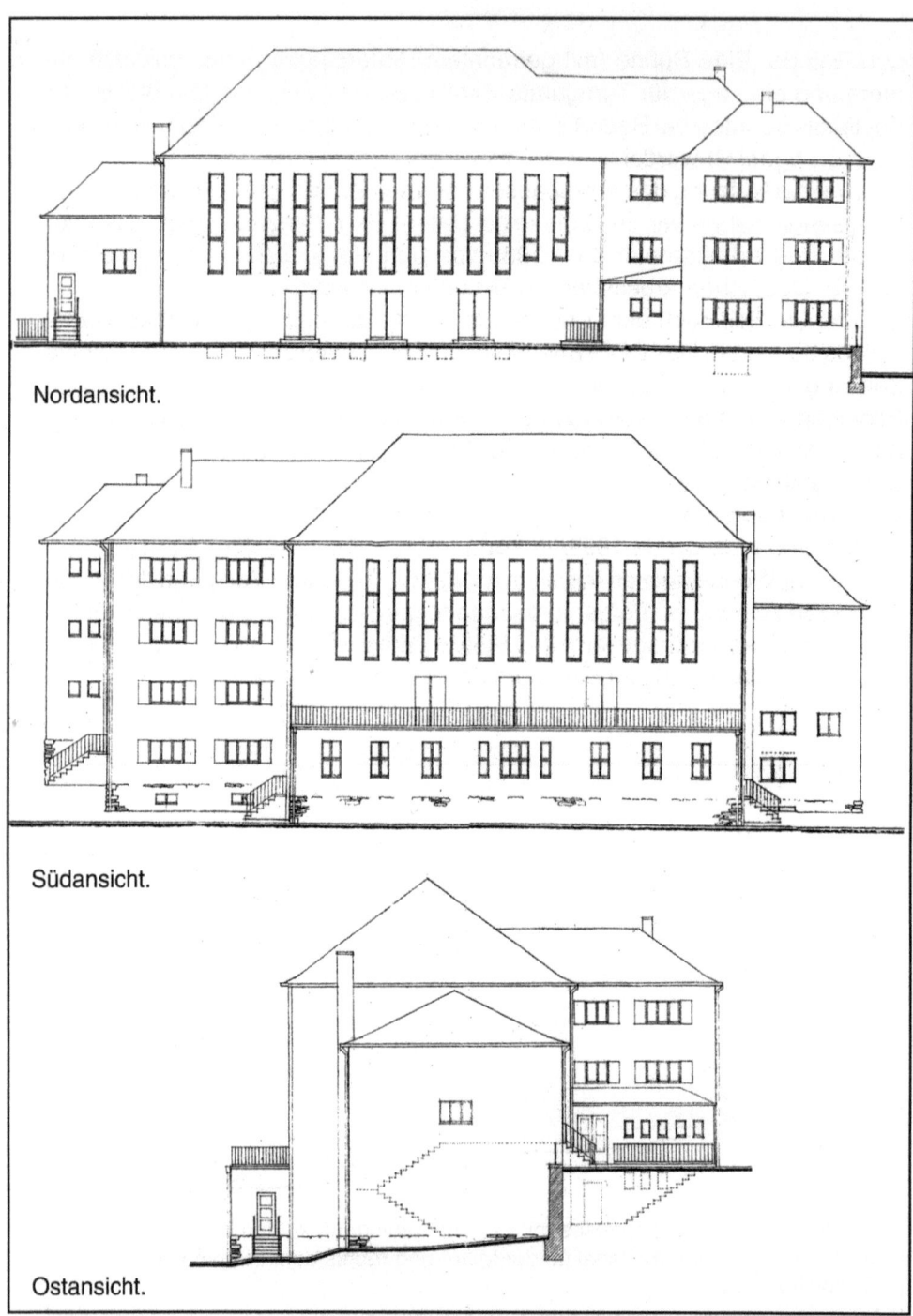

Nordansicht.

Südansicht.

Ostansicht.

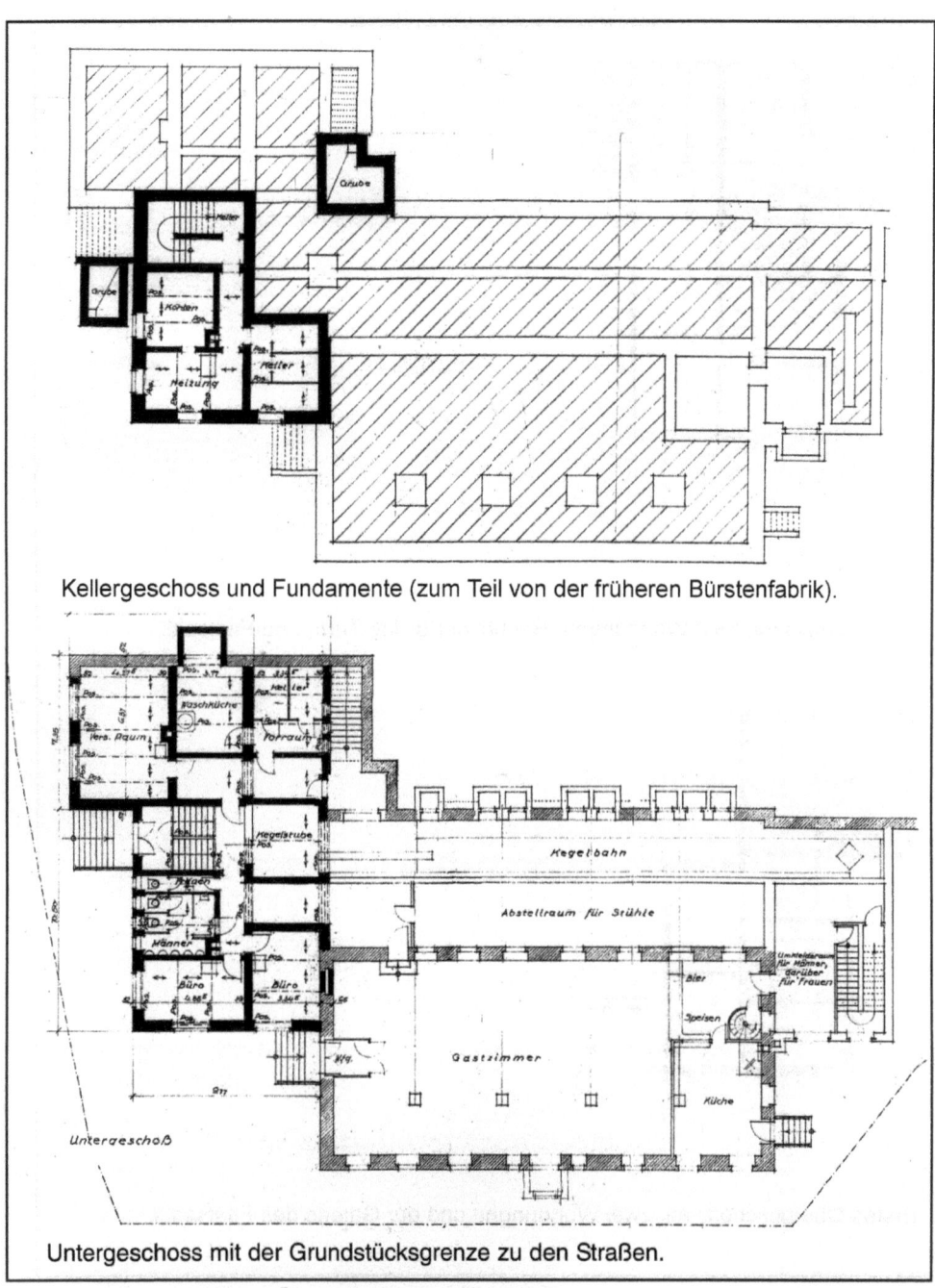

Kellergeschoss und Fundamente (zum Teil von der früheren Bürstenfabrik).

Untergeschoss mit der Grundstücksgrenze zu den Straßen.

83

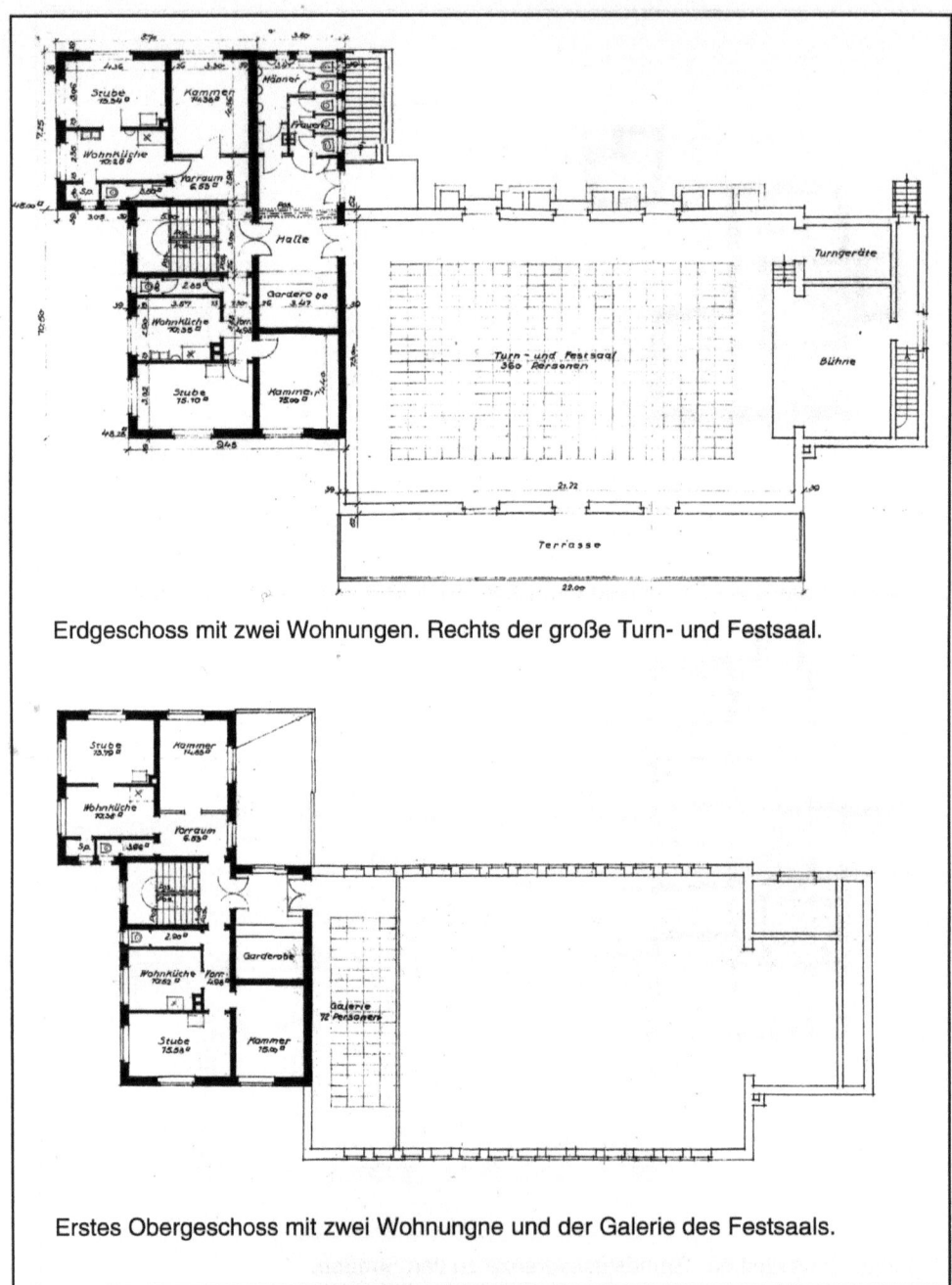

Erdgeschoss mit zwei Wohnungen. Rechts der große Turn- und Festsaal.

Erstes Obergeschoss mit zwei Wohnungne und der Galerie des Festsaals.

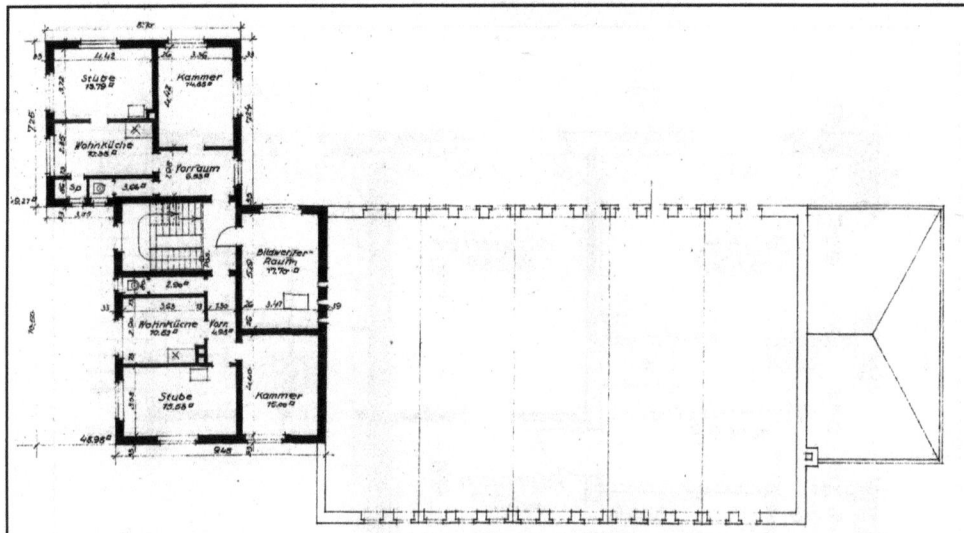

2.
Zweites Obergeschoss mit zwei Wohnungen und dem „Bildwerferraum".

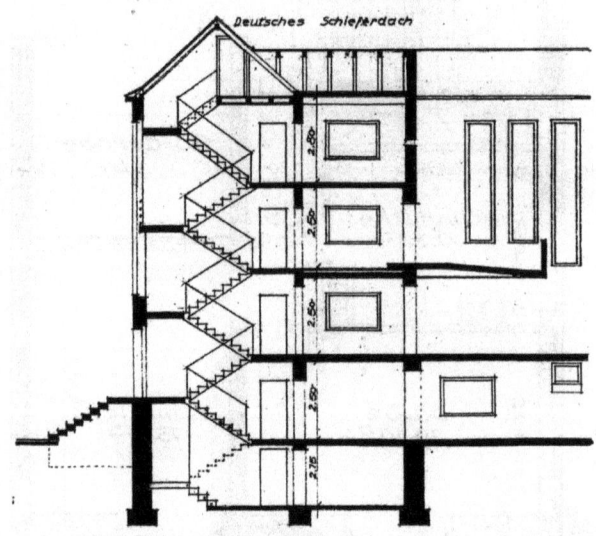

Querschnitt mit Treppenhaus und Zugang zum Dachboden. In der Mitte rechts die etwas abschüssige Galerie des Festsaals.

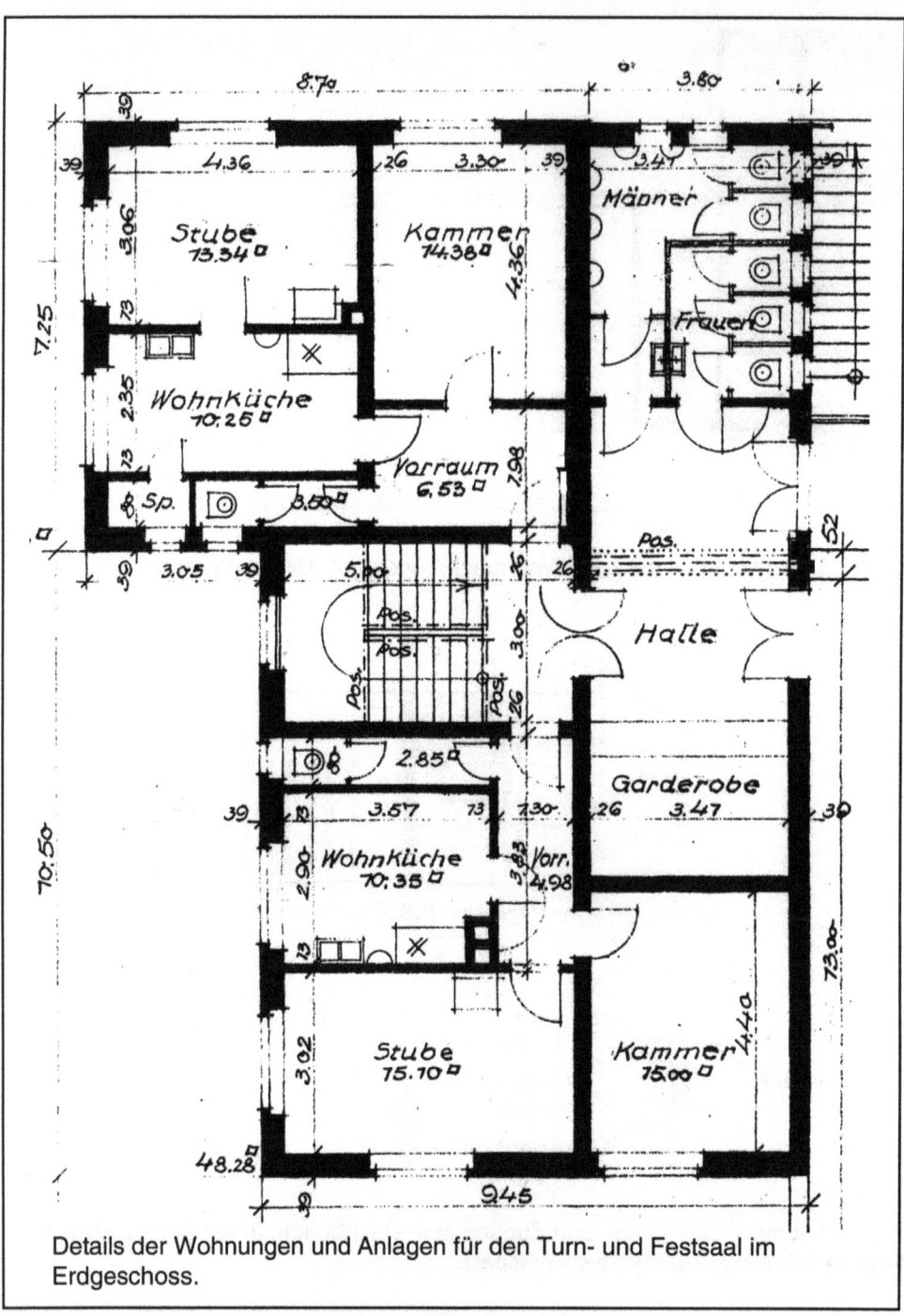

Details der Wohnungen und Anlagen für den Turn- und Festsaal im Erdgeschoss.

Das renovierte und mit 16 modernen Wohnungen neu gestaltete Gebäude des Volkshauses Schönheide fotografiert 2001 von Herrn Michael Härtel.

1.8 Die GEWOG-Häuser in Dresden-Wölfnitz

Die Zuordnung dieser Bauten zum Architekten Hans Waloschek wurde schon von Dipl.-Ing. Arch. **Karl-Heinz Löwel** klargestellt. Wichtige Information und Unterlagen hat dann freundlicherweise Dr.-Ing. **Ludwig Jenchen** (der selbst in der Düsseldorferstraße 21 wohnt) zur Verfügung gestellt. Einige der Dokumente stammen aus dem Nachlass des Architekten Hans Waloschek **[WaHH]**.

Es handelt sich um 16 Doppelhäuser, 7 Dreihäusergruppen und 4 Vierhäusergruppen, also insgesamt **69 Wohneinheiten**. Sie wurden in den Jahren 1928/29 errichtet und zwar in der

> **Düsseldorfer Straße Nr. 1 bis 62,**
> **Saalhausenerstraße Nr. 56, 58 und 60 und**
> **Grenz-Straße** (heute Wendel-Hipler-Straße) **Nr. 23, 25, 27 und 29.**

In den vorhandenen Unterlagen ist als Bauherr der **„Siedlerverein Dresden-Löbtau e.V."** im Allgemeinen Sächsischen Siedlerverband e.V. (ASSV) eingetragen, oft mit der Unterschrift **„R. Großmann"**.

Entwurf und Bauleitung hat die **GEWOG-Dresden** übernommen, was mit der Unterschrift des technischen Leiters (Architekt Hans Waloschek) auf Plänen und Dokumenten bestätigt wird.

Für die Ausführung wird das **„Büro für Architektur und Bauausführungen" Paul Hähne**, Lausa-Dresden erwähnt.

Die Häuser haben alle ein Giebeldach, wie es damals im Allgemeinen Vorschrift war. Sie wurden als Einfamilienhäuser bezeichnet, heute würde man sie wohl Reihenhäuser nennen, da sie zwar nebeneinander liegen aber vollkommen unabhängig voneinander zugänglich sind. Jedes Haus hat einen eigenen Garten. Die einzelnen Häuser in den Gruppen sind jeweils durch eine Feuermauer getrennt.

Der Wohnkomfort war für die damalige Zeit recht hoch: drei Schlafzimmer und Badezimmer (mit Badewanne) im ersten Stock, Küche, Wohnzimmer, Esszimmer und ein WC im Erdgeschoss und eine Waschküche im Keller sind in allen Häusern vorhanden. Zentralheizung konnte auf Wunsch eingerichtet werden. Der Dachboden konnte ausgebaut werden.

Eine statische Berechnung vom 12. Mai 1927 und ein Lageplan der Siedlung ohne Datum, aber mit genau der später durchgeführten Aufteilung der Häuser und Grundstücke, sind erhalten. In beiden ist als Bauleiter der **Architekt J. Gräfe**, Dresden Lindenaustraße 37 eingetragen. Da die GEWOG-

Dresden erst Anfang März 1928 gegründet und am 7. Mai 1928 im Dresdner Handelsregister eingetragen wurde, ist anzunehmen, dass der Siedlerverein Dresden-Löbtau schon vorher Pläne für die Häuser in der Düsseldorfer Straße mit dem Architekten Gräfe ausgearbeitet hat.

Wie **Willi Ludewig**, einer der Vertrauensarchitekten der DEWOG-Berlin (Muttergesellschaft der GEWOG-Dresden) in seiner Autobiografie **[Lu50]** erwähnt, war es damals durchaus üblich örtliche Architekten „abzufinden" um ihre Projekte zu übernehmen und mit der eigenen Organisation (und den guten Bankverbindungen) zügig voranzutreiben. Es ist anzunehmen, dass dies auch beim Architekten Gräfe der Fall war.

Man findet noch heute in der weiteren Umgebung viele sehr ähnliche Häuser und man kann annehmen, das die Siedlerbewegungen aus Sparsamkeit oft auf ähnliche, von den Behörden schon mehrmals genehmigte Grundrisse zurückgegriffen haben. Der Architekt hat dann nur geringfügige Stiländerungen und Sonderwünsche der Bauherren einbringen können.

Bei den Häusern des Architekten Hans Waloschek hat Karl-Heinz Löwel eine Art **„Signatur"** entdeckt, die in einer unverputzten Ziegelreihe unter dem Dachsims besteht. Dieses Merkmal ist auf den Zeichnungen und Fotos der Häuser an der Düsseldorfer Straße klar erkennbar.

Die Häuser an der Düsseldorfer Straße sind gut erhalten. Bei vielen wurde bald nach der Herstellung ein Windfang vor die Eingangstür gebaut, in unterschiedlicher Ausführung. Die kleinen, rund abgedeckten Dachfenster wurden später durch größere Kippfenster ersetzt.

Bauarbeiten an der Düsseldorfer Straße im November 1928. Foto von F. Schumann (Pirma), aus dem Archiv von Dr.-Ing. Ludwig Jenchen.

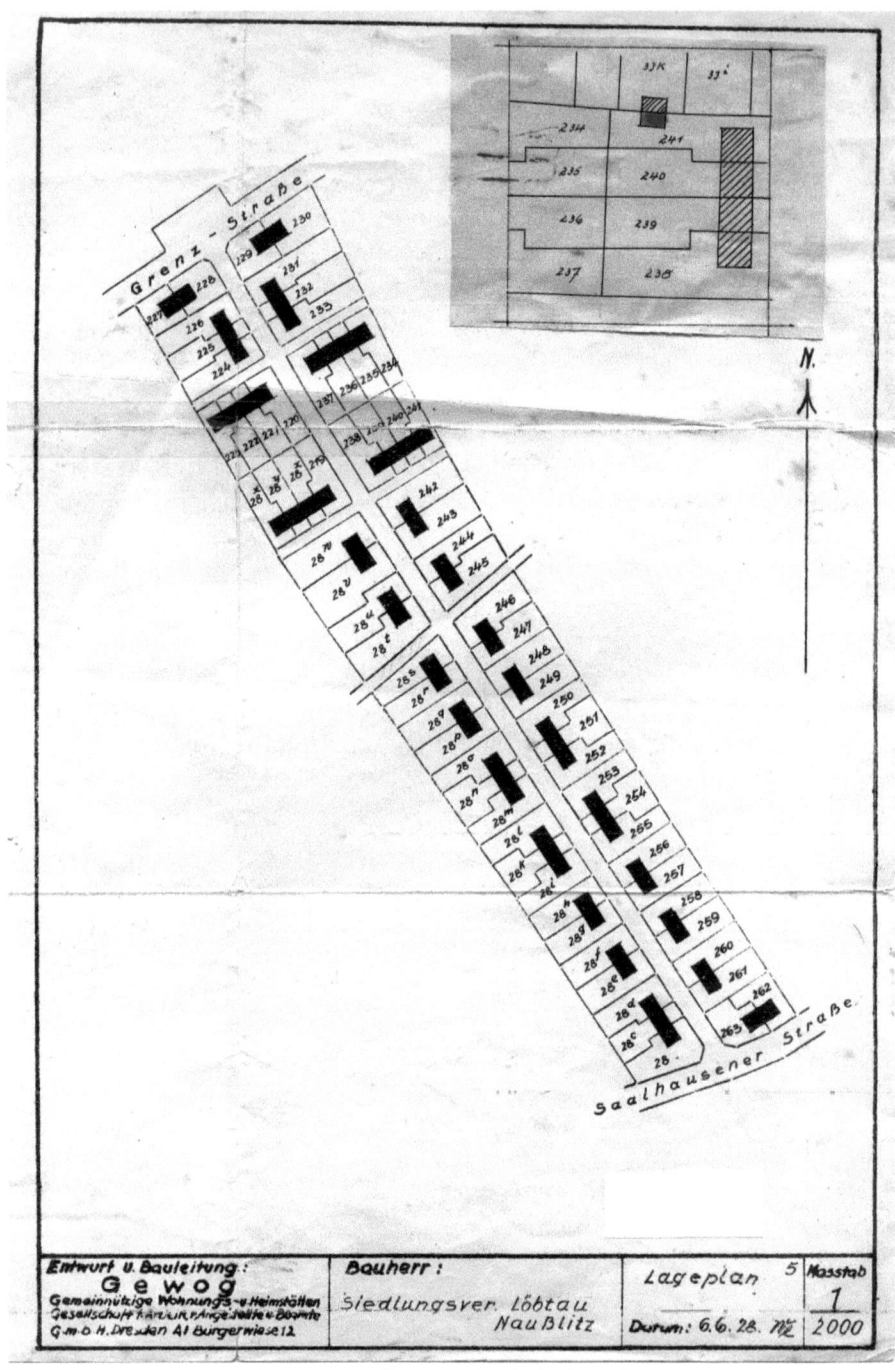

Lageplan aus dem Archiv von Dr.-Ing. Ludwig Jenchen.

Blick in die damalige Grenz-
Straße, heute Wendel-
Hipler-Straße, um 1929/30.
Rechts die beiden von der
GEWOG-Dresden gebauten
Doppelhäuser mit den
Hausnummern 23, 25, 27 und
29. Dazwischen geht nach
rechts die Düsseldorfer Straße.
Foto aus dem Nachlass des
Architekten Hans Waloschek.

Das Haus Düsseldorfer Straße
Nr. 16, um 1931, mit dem
ursprünglichen Zaun, ohne
Windfang-Vorbau und mit den
kleinen Dachfenstern.
Foto aus dem Archiv von
Dr.-Ing. Ludwig Jenchen.

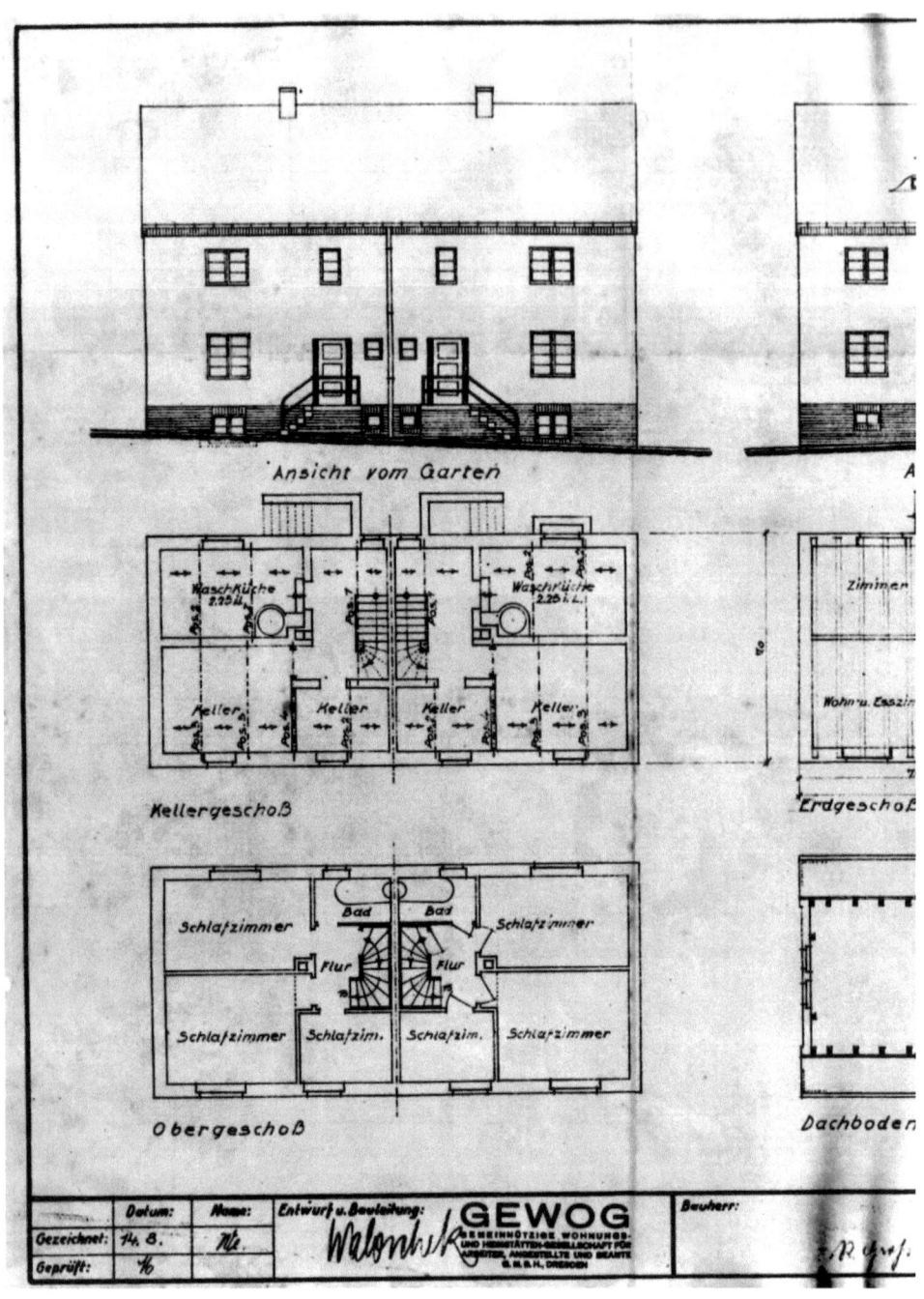

Plan eines Doppelhauses, Datum 14.8.28. Aus dem Nachlass Hans Waloschek.

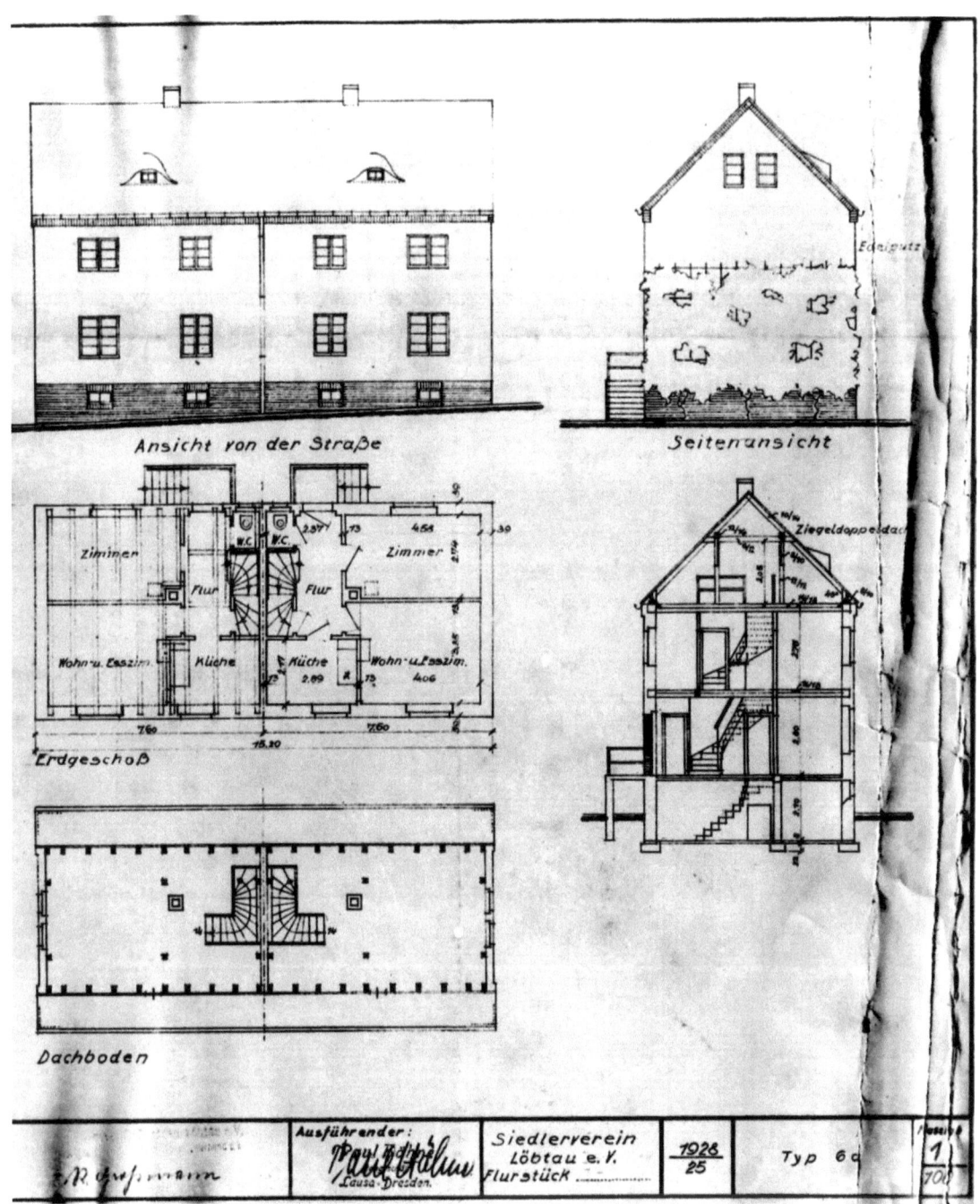

Plan eines Doppelhauses, Datum 14.8.28. Aus dem Nachlass Hans Waloschek.

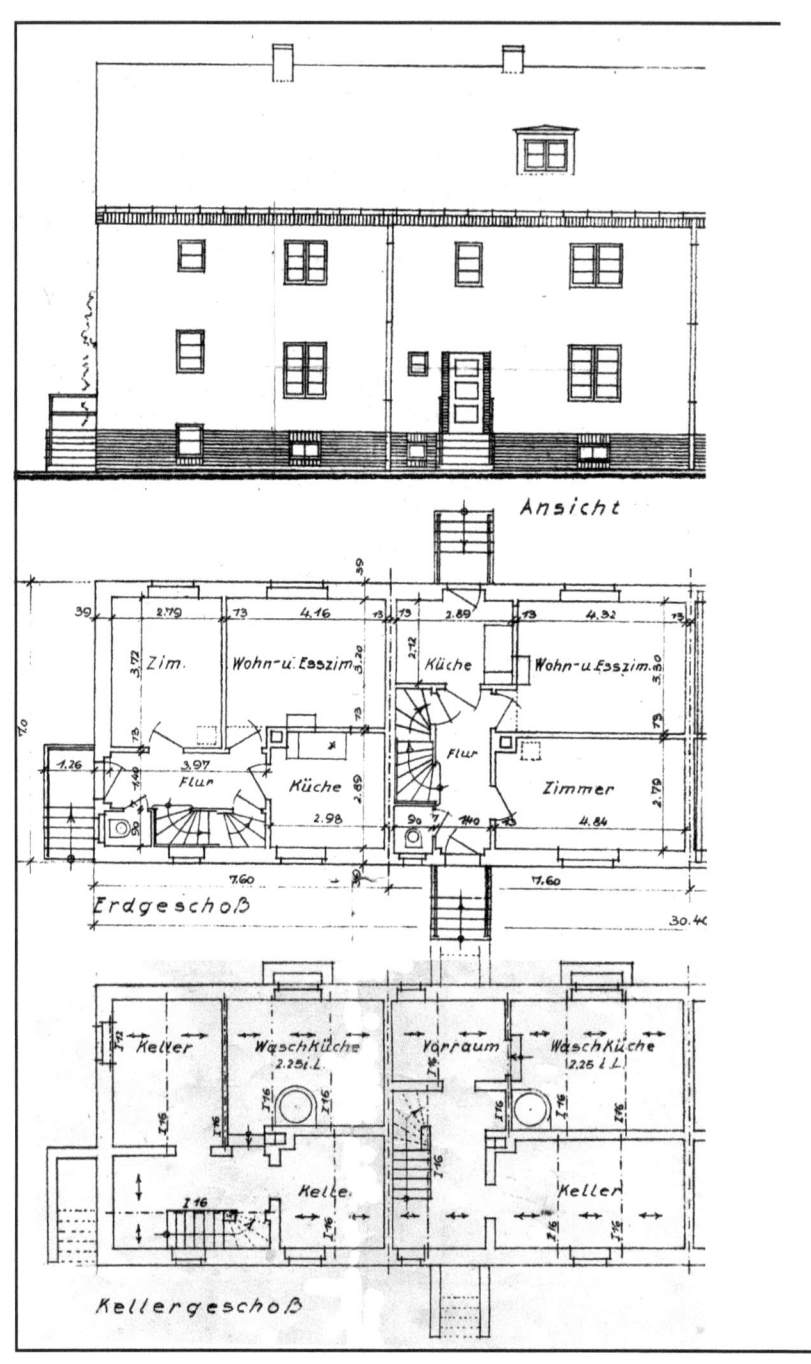

Vierhäusergruppe: Teil Düsseldorfer Straße Nr. 15 und 17.
Original bei Dr.-Ing. Ludwig Jenchen

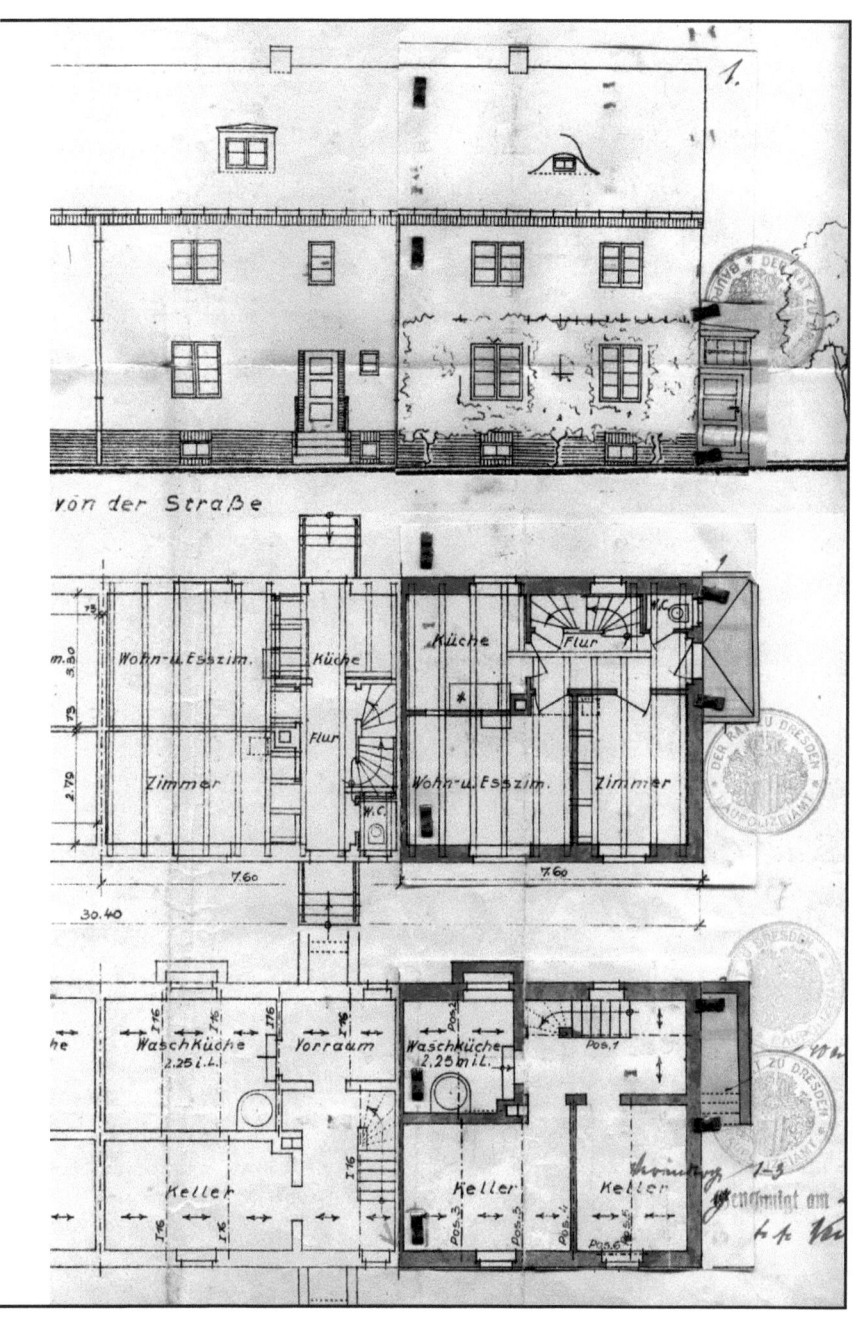

Vierhäusergruppe: Teil Düsseldorfer Straße Nr. 19 und 21
mit dem am 22.1.29 genehmigten Vorbau.
Original bei Dr.-Ing. Ludwig Jenchen

Ein Rundgang durch die Düsseldorfer Straße mit Dipl.-Ing. Karl-Heinz Löwel
im Juni 1999. Fotos Pedro Waloschek.

1.9 Die GEWOG-Häuser
in Dresden-Coschütz

Laut Recherchen von Dipl.-Ing. **Karl-Heinz Löwel** handelt es sich um insgesamt 14 Doppelhäuser (28 Wohneinheiten), gelegen in Dresden-Coschütz, am **Poisenweg**, an der **Kohlenstraße** und an der **Cunnersdorfer Straße**. Der Poisenweg ist im Stadtplan Dresden von 1928 noch nicht eingetragen.

Alle Häuser haben ein Giebeldach und sind denen der Siedlung in Dresden-Wölfnitz in ihrer Art und Ausstattung sehr ähnlich. Sie befanden sich 1999 in sehr gutem Zustand. Bauherr war 1928 der **„Kriegerheimstätten-verein Coschütz VII"**, eine Gruppe im Ortsverband Dresden des „Allgemeinen Sächsischen Siedlerverbandes e.V." (ASSV). Entwurf und Bauleitung: **GEWOG-Dresden**, unterzeichnet „Waloschek". Die Ausführung übernahm das Baugeschäft **Richard Günzel**, Dresden, Lindenaustraße 34.

Herr **André Greif** (Dresden) hat freundlicherweise Baupläne von einem der Doppelhäuser zur Verfügung gestellt und Herr **Gert-R. Lechner** einen damaligen Lageplan. Eine Bürgerinitiative hat 2009 einen Antrag gestellt, die Kohlenstraße zwischen Karlsruher und Cunnersdorfer Straße Hans-Waloschek-Straße zu benennen **[Le09]**.

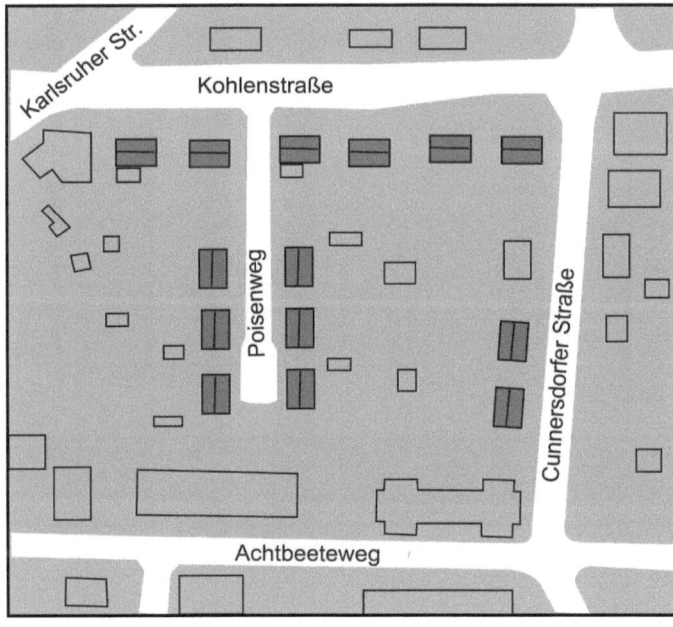

Lageplan der 14 Doppelhäuser (dunkelgrau) in Dresden-Coschütz, die von der GEWOG-Dresden gebaut wurden.

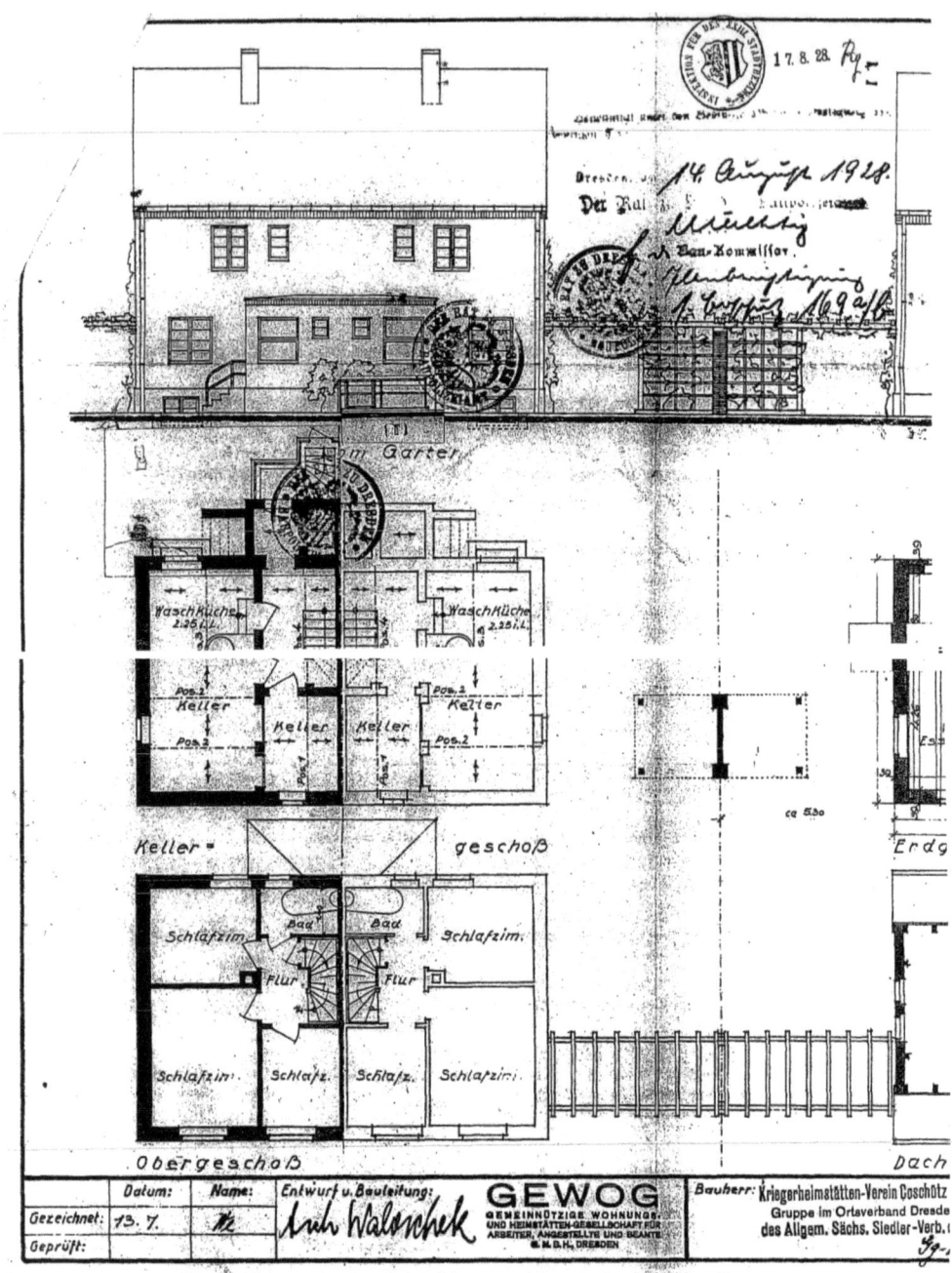

Baupläne aus dem Archiv von Herrn André Greif.

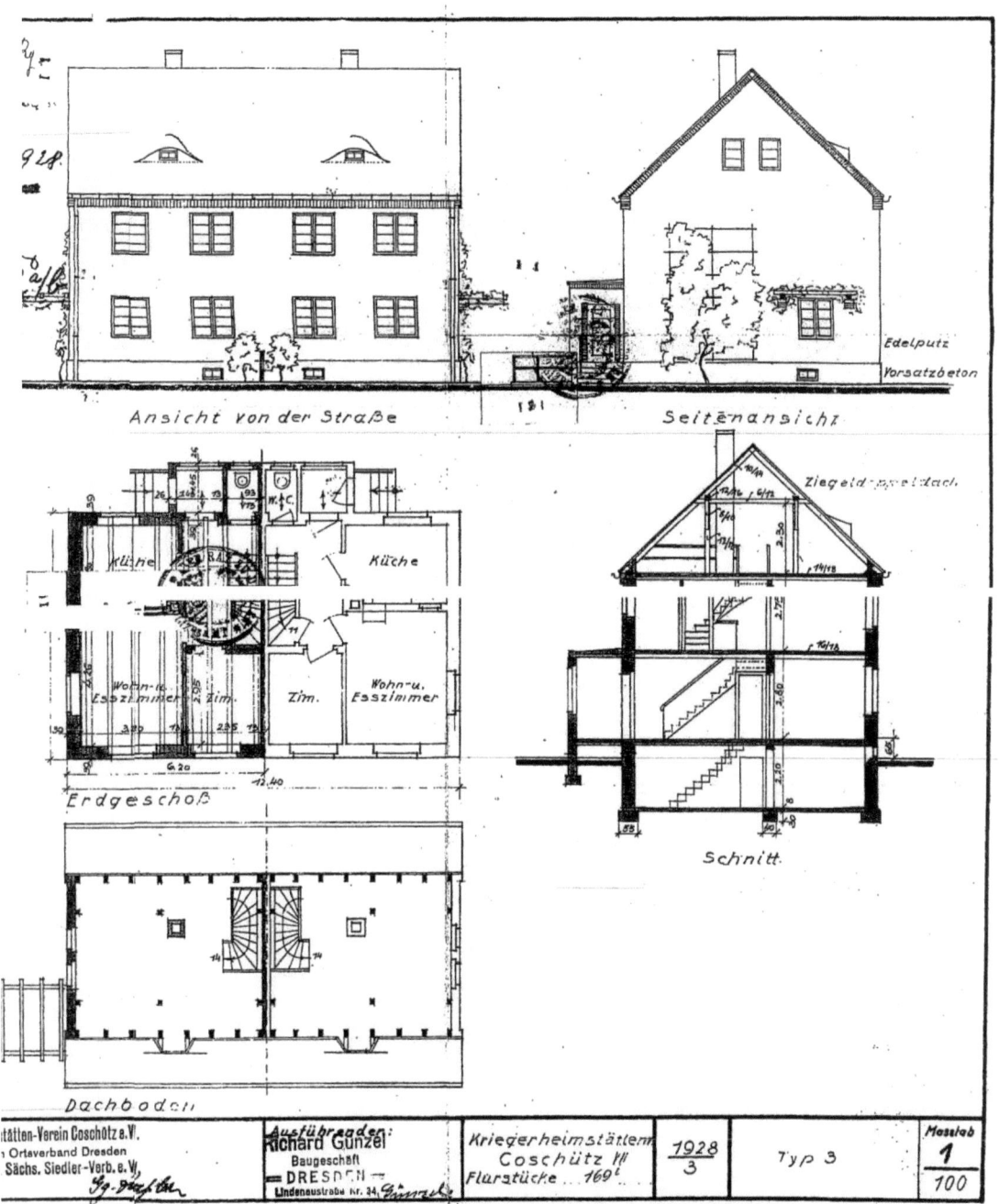

Ansicht von der Straße

Seitenansicht

Edelputz
Vorsatzbeton

Ziegeldoppeldach.

Küche

Küche

Wohn-u.
Esszimmer

Zim.

Zim.

Wohn-u.
Esszimmer

Erdgeschoß

Schnitt.

Dachboden

| ...tätten-Verein Coschütz a. V. 1 Ortsverband Dresden Sächs. Siedler-Verb. e. V. | Ausführender: Richard Günzel Baugeschäft DRESDEN Lindenaustraße Nr. 24. | Kriegerheimstätten Coschütz III Flurstücke ... 169^l | $\dfrac{1928}{3}$ | Typ 3 | Massstab $\dfrac{1}{100}$ |

Baupläne aus dem Archiv von Herrn André Greif.

99

GEWOG-Häuser in Dresden-Coschütz, Poisenweg,
fotografiert von Pedro Waloschek 1999
bei einer Besichtigung mit Architekt Karl-Heinz Löwel.

Das letzte Haus links
im Poisenweg.

GEWOG-Häuser in Dresden-Coschütz, Kohlenstraße,
fotografiert von Pedro Waloschek 1999
bei einer Besichtigung mit Architekt Karl-Heinz Löwel.

1.10 Wohnungsbauten in Riesa

Architekt **Karl-Heinz Löwel** konnte einige Fotos (1930) aus dem Nachlass von Hans Waloschek zwei Vorhaben in Riesa zuordnen. In seinem Archiv sind entsprechende Lagepläne aus dem Jahr 1929 erhalten, die er freundlicherweise zur Verfügung gestellt hat. Die Riesaer Journalistin **Heike Berthold** hat dann die Gebäude auch erkannt und eine Foto-Besichtigung im November 2000 ermöglicht. Die Häuser befinden sich alle in perfektem Zustand, wurden saniert, modernisiert und zum Teil auch stark verändert.

1.10.1 Spar und Baugenossenschaft zu Riesa-Gröba

Es handelt sich um zwei Erweiterungen der (wahrscheinlich älteren) Wohn-anlage an der **Ost-Straße**, zwischen **Stein-Straße** und **Mozart-Straße.**

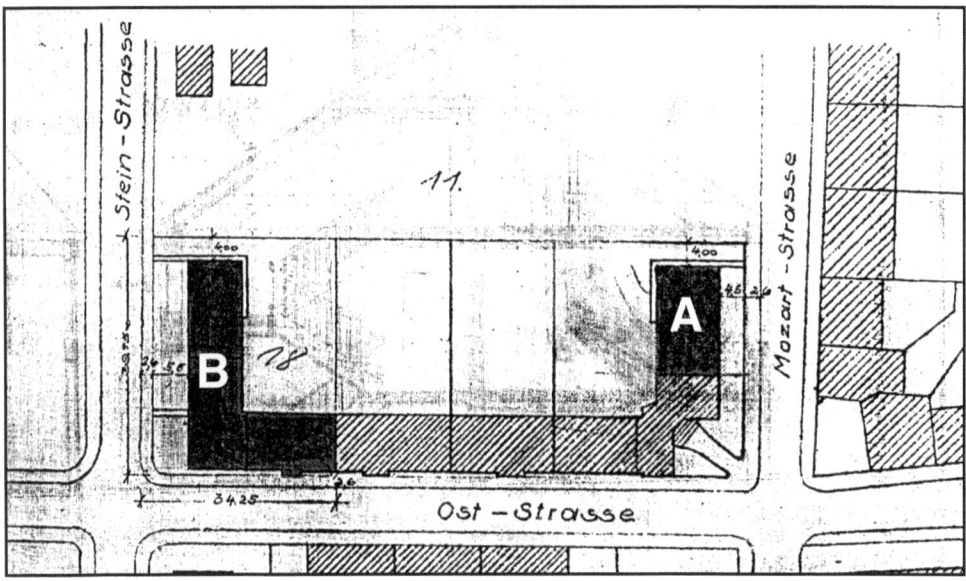

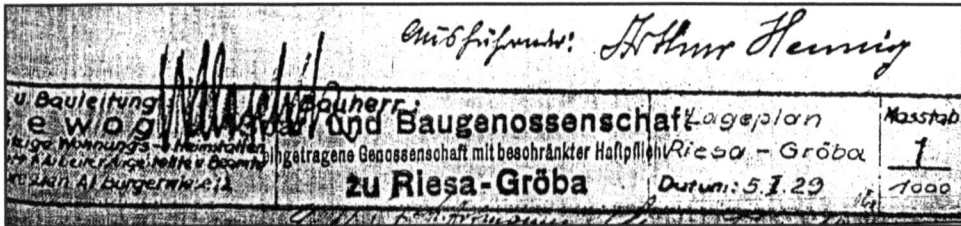

Aus dem Lageplan der Erweiterungen (Archiv Karl-Heinz Löwel).

Riesa-Gröba, Oststraße Ecke Mozartstraße, rechts die Erweiterung **A**, 1930.

Die gleiche Ecke
im Jahr 2000.

Der Blick von
der Mozartstraße
im Jahr 2000.

Erweiterung **B**, Ecke Steinstraße (nach links) zur Oststraße, Foto 1930.

Die Erweiterung **B**, gesehen
von der Steinstraße.
Rechts im Jahr 1930

Der Zustand
im Jahr 2000.

Hinterhof mit Ansicht der Erweiterung **B**
im Jahr 1930.

Der Zustand im Jahr 2000

104

1.10.2 Städtischer Wohnungsbau Riesa

Es handelt sich um die beiden Wohnblocks an der Ecke **Schiller-Straße / Kasernenstraße** (heute **Heinrich-Heine-Straße**).

Zwei der drei Fotos zu diesem Vorhaben (aus dem Nachlass von Hans Waloschek) tragen auf der Rückseite die handschriftliche Eintragung: **„Riesa: Städt. Wohnungsbau / Entw. u. Bltg.: Dewog-Dresden"** und den Stempel der Lichtbildnerei Käte Basarke, Dresden, Beilstr. 14.

In den Fotos wird hauptsächlich das im Lageplan mit **A** gekennzeichnete Gebäude gezeigt und nur am Rande das mit **B** markierte, für dessen Bau wahrscheinlich der Lageplan erstellt wurde. Stil und Fensteranordnung der beiden Gebäude sind praktisch gleich und somit ist es naheliegend, dass beide von der DEWOG/GEWOG entworfen und gebaut wurden.

Die Wohnzeilen dieses Vorhabens (und auch die in 1.10.1 beschriebenen) entsprechen durchgehend dem damals üblichen Konzept der möglichst gleich-bleibenden „Wohneinheiten", die um ein Treppenhaus angeordnet sind. In jedem Stockwerk sind dann zwei oder drei Wohnungen zugänglich, was in der Fachsprache Zwei- oder Dreispänner genannt wird.

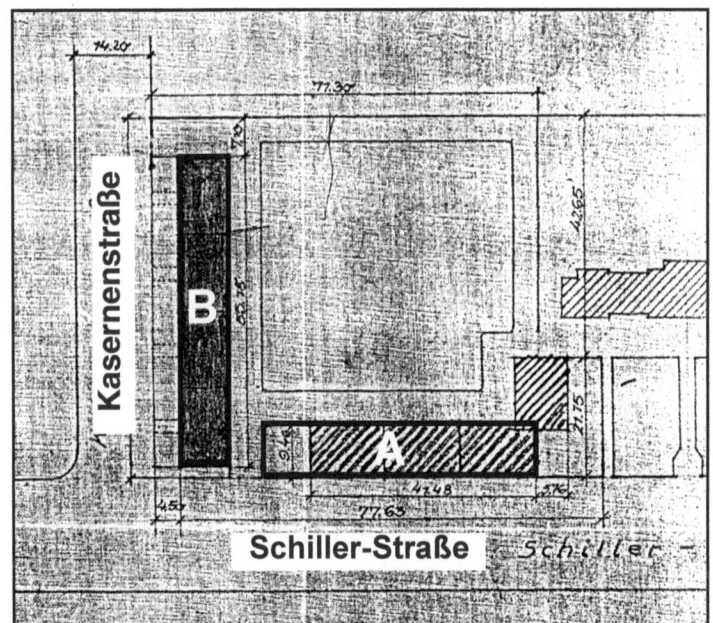

Lageplan zum Bau des mit **B** markierten Wohnblocks.

Aus dem Archiv von Dipl.-Ing. Karl-Heinz Löwel

Blick auf das Gebäude **A** von der Schiller-Straße aus gesehen. Hinten links ist ein Teil des Gebäudes **B** zu sehen. Foto aus dem Jahr 1930.

Das Gebäude **A** vom Hinterhof aus gesehen, Rechts ein Teil des Gebäudes **B**. im Jahr 1930. Unten das gleiche Gebäude im Jahr 2000 nach Umbau mit Balkons.

Ein weiterer Blick aus dem Hinterhof, rechts das Gebäude **B** (noch ohne Balkons) und links ein Teil des Gebäude **A**. Foto aus dem Jahr 1930. Die Ähnlichkeit der Fensteranordnung und der Dachbodenfenster von **A** und **B** ist auffallend.

Blick auf die Hinterfront des Gebäude **B** nach der Renovierung und dem Umbau mit Balkons, auch für die Dachbodenwohnungen, fotografiert im Jahr 2000.

1.11   Über die DEWOG/MIWOG-Häuser
in Dessau-Törten

Auf Anfrage von Dipl.-Ing. **Karl-Heinz Löwel** ist es 2001 Frau **Katleen Neubert** vom **Stadtarchiv Dessau** gelungen, nach umfangreichen Recherchen diesen Gebäudekomplex zu identifizieren und darüber auch wichtige Information zur Verfügung zu stellen. Weitere Daten wurden dann im November 2003 von Frau Dr. **Kirsten Baumann** (von der **Stiftung BAUHAUS Dessau**) beigetragen, im Rahmen der Festlichkeiten zum 100. Geburtstag des Architekten **Richard Paulick** und bei einer Besichtigung der Bauhaus-Bauten in Dessau.

In den Zeugnissen der DEWOG und der GEWOG für Hans Waloschek wird der Bau einer **„Siedlung Dessau-Törten"** als *von ihm geleitet* erwähnt. Es handelt sich um eine 1930 erstellte **Erweiterung** der unter dem gleichen Namen bekannten und weltberühmten Siedlung, die von **Walter Gropius** und seinen BAUHAUS-Mitarbeitern und Kollegen schon zwischen 1926 und 1930 in Dessau errichtet wurde. Bei der Erweiterung handelt es sich um sieben

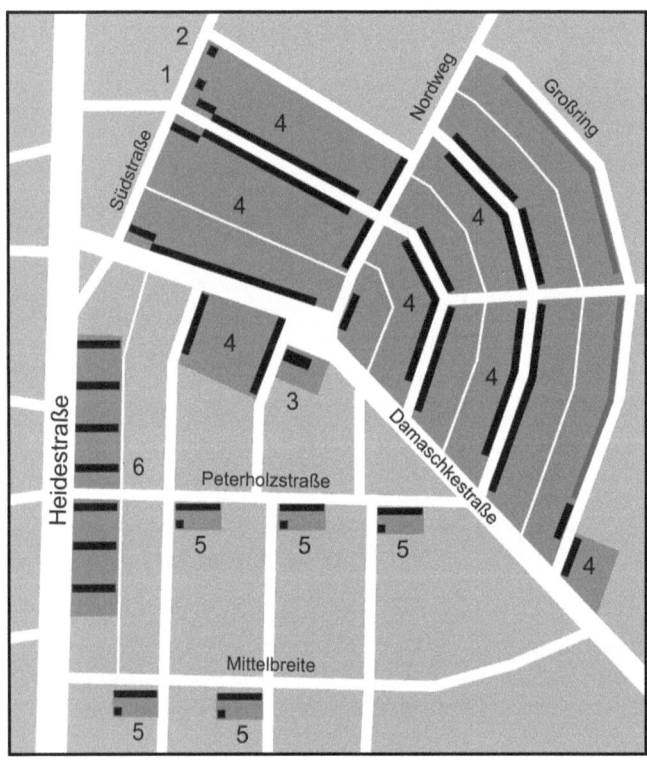

Lageplan der Siedlung Dessau-Törten

1   Das **Stahlhaus** von Georg Muche und Richard Paulick, 1927.
2   Das **Haus Fiegler** von Carl Fiegler, 1927.
3   **Konsumgebäude** von Walter Gropius, 1928.
4   **Siedlungshäuser** von Walter Gropius, 1926-1928.
5   **Laubenganghäuser** von Hannes Meyer, 1930.
6   **DEWOG/MIWOG-Wohnbauten** von Richard Paulick, 1930

Eines der sieben von Richard Paulick entworfenen Häusern in der Heidestraße, mit dem 1934 aufgesetztem Steildach mit zusätzlichen Wohnungen. Zustand nach Sanierung 2003, fotografiert von Pedro Waloschek.

Miethausblöcke in der **Heidestraße 101 bis 135** (ursprünglich Heideburger Straße). Bauherr, Auftraggeber und Bauträger war zuerst die Zweigstelle Sachsen der **DEWOG** und später die **MIWOG** (Mitteldeutsche Wohnungsfürsorge mbH, Leipzig).

Mit der Planung hat Waloschek den später in China und dann in der DDR sehr erfolgreichen Architekten **Richard Paulick** (1903-1979) beauftragt, der sich gerade eigene Ateliers in Berlin und Dessau eingerichtet hatte, nachdem er bis dahin (und seit 1927) einer der wichtigsten Mitarbeiter von Walter Gropius war (auch Leiter seines Dessauer Ateliers). Für die Bauleitung blieb jedoch Hans Waloschek und die DEWOG/GEWOG zuständig.

Die sieben Wohnzeilen hatten ursprünglich vier Stockwerke mit insgesamt 224 kleinen Zwei- und Dreizimmerwohnungen und ein massives Flachdach. Die Wohnungen hatten Zentralheizung (System „Narag").

Anders als bei den schon vorher mit viel Experimentierfreude gebauten Teilen der Siedlung (so zum Beispiel der fließbandartige Bau der Gropius-Siedlungshäuser), wurde hier zur konventionellen (aber stark rationalisierten) Bautechnik und auf das bewährte System der Wohnblocks (aus gleichen „Einheiten") zurückgekehrt, wie es zur gleichen Zeit auch in Dresden-Trachau und Meißen-Bohnitzsch der Fall war.

Da angeblich Probleme mit der Innenentwässerung der Flachdächer auftraten, wurden letztere schon **1934** durch Steildächer ersetzt und dabei Platz für weitere 56 Kleinstwohnungen geschaffen. Das hat natürlich den architektonischen Charakter (im Sinne der damaligen Machthaber) stark verändert.

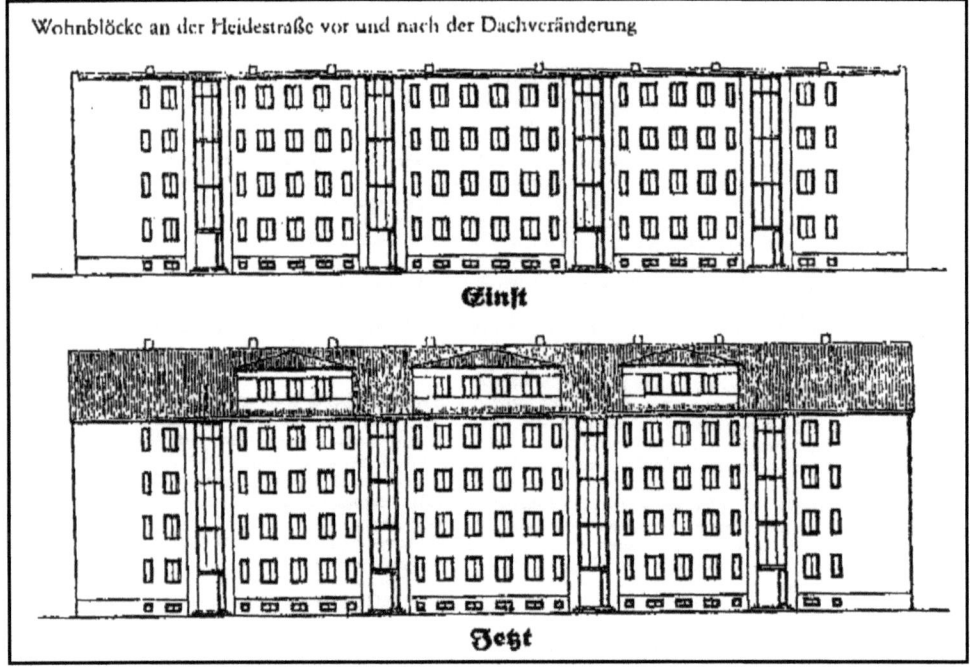

Veränderung der Dachgeschosse der Wohnblocks in der Heidestraße in Dessau-Törten nach Zeichnungen im Archiv von Karl-Heinz Löwel.

2 Als selbstständiger Architekt

Trotz der schwierigen politischen Lage schätzte Hans Waloschek Mitte 1932 seine Zukunft als freier Architekt in Deutschland noch recht optimistisch ein. So hat er am 21. August für sich und für seine Familie die **Einbürgerung** beim Rat der Stadt Dresden beantragt. Im Juni 1933 wurde dieser Antrag abgelehnt (s. Faksimile), mit einer Begründung, die wohl berücksichtigte, dass Hans Waloschek das Arbeiten als Architekt von den Machthabern auf jeden Fall unmöglich gemacht würde.

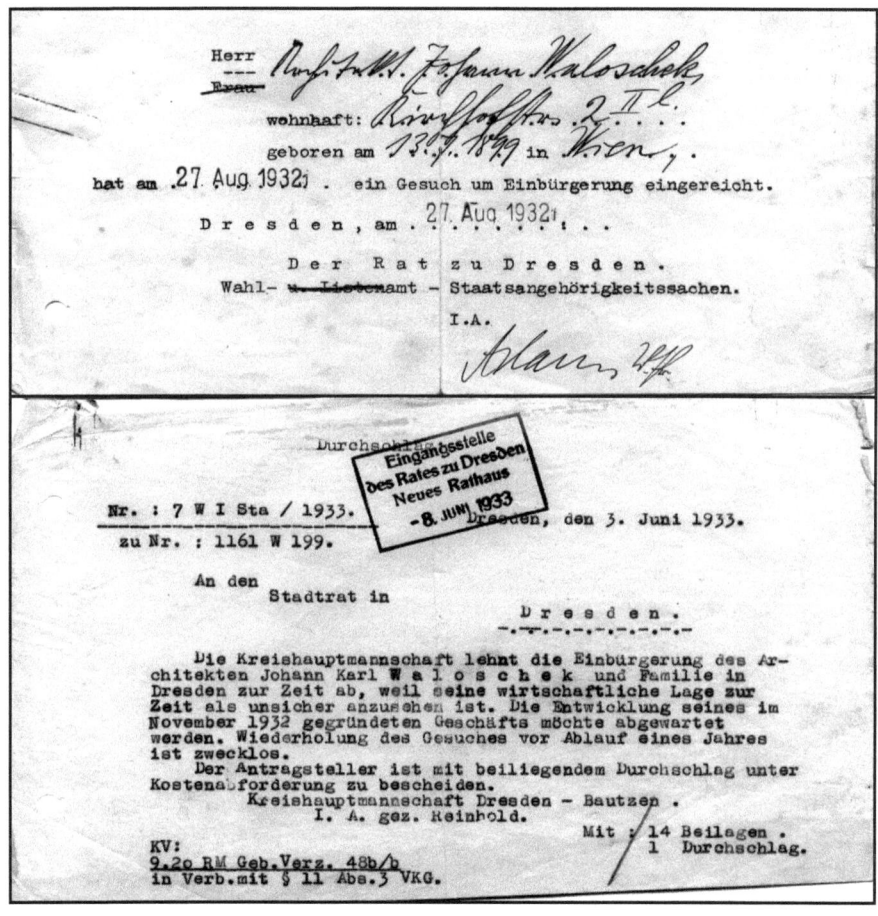

Aber Waloschek wusste offensichtlich schon damals (August 1932) vom Ende der Bautätigkeit der DEWOG und GEWOG in Sachsen und übernahm am 1. September vom **Allgemeinen Sächsischen Siedlerverband** (ASSV) die Überwachung der Häuser an der Sonnenlehne als freischaffender Architekt mit Adresse in seiner Privatwohnung, Kirchhoffstr. 2 II. Da im März 1933 die Einrichtungen und Unterlagen der GEWOG-Dresden von den Nationalsozialisten vernichtet wurden, konnte Waloschek diesen recht bescheidenen Auftrag wohl nur zum Teil erfüllen.

Allgemeiner Sächsischer Siedlerverband E.V.

Dresden-A. 1

Hauptgeschäftsstelle: D r e s d e n - A. 1, Schloßstraße 34/36,III / Fernruf 19526 und 19536
Postscheckkonto: Dresden 110827 / Girokonto: Dresden 61178
Kreis-Geschäftsstellen: Dresden, Leipzig, Zwickau

Soh./St.   Dresden, 8. Septbr. 1932.

Herrn Architekt Hans W a l o s c h e k ,

D r e s d e n - N. 23.

Kirchhoffstr. 2 II.

Wir bestätigen den Eingang Ihres Schreibens vom 2. ds. Mts. und nahmen davon Kenntnis, dass Sie die Ueberwachung unserer Heimstätten auf der Schützenhofstrasse für den von uns festgesetzten Preis von RM. 150.-- jährlich übernehmen.

Das erste Jahr läuft vom 1. Septbr. 1932 bis 31. August 1933. Wir hoffen Sie damit einverstanden und zeichnen

mit Siedlergruss !
Allgemeiner Sächsischer
Siedlerverband e. V.

Er versuchte alles, um selbstständig arbeiten zu können. So wurde er Mitglied im **Deutschen Werkbund** (DWB) wie eine Mitgliedskarte für 1933 (Poststempel: 17.1.1933) bescheinigt und nannte sich danach „Architekt DWB". Weitere Aufträge, die Waloschek kurz nach dem Ende der Bautätigkeit der DEWOG und GEWOG bekam, zeigen, dass er schon vorher darüber verhandelt haben muss. Allerdings konnte er unter dem Druck der neuen Machthaber offensichtlich nur wenige dieser Aufträge durchführen, wie in den nächsten Abschnitten gezeigt wird.

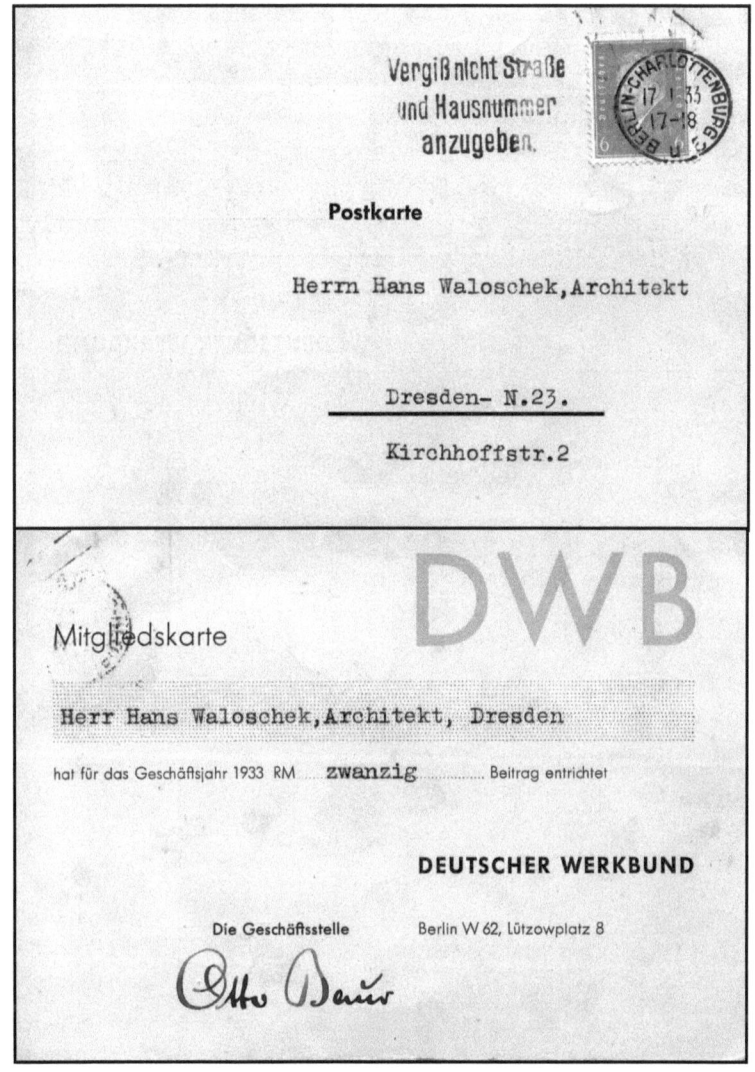

2.1 Die Häuser in Dresden-Omsewitz (1933)

Im Nachlass von Hans Waloschek befinden sich drei Lichtpausen von Bauplänen (1:100) und Kostenvoranschläge von Bauten in Dresden-Omsewitz, die mit Hilfe von **Horst R. Rein** und **Klaus Brendler** tatsächlich existierenden Gebäuden zugeordnet werden konnten. Durch Einsicht der Dresdner Adressbücher 1934/35 hat Horst R. Rein festgestellt, wer zu der Zeit Eigentümer der Häuser war und wer darin wohnte. Klaus Brendler hat 2004 freundlicherweise die Gebäude fotografiert.

Diese drei Bauten, die Hans Waloschek 1933 **als selbstständiger Architekt** geplant und betreut hat, sind die einzigen aus dieser Zeit, die bis heute identifiziert werden konnten. Die drei Häuser befanden sich 2004 in sehr gutem Zustand, umgeben von gepflegten Gärten. Sie liegen in einer sehr ruhigen Straße, die Anfang 1933 noch „Straße 6" hieß und offensichtlich dann ihren heutigen Namen **„Martin-Opitz-Straße"** bekam. Ein auch erwähntes viertes Haus für **Dr. Kurt Schäfer** in Dresden-Prohlis/Nickern konnte noch nicht identifiziert werden, wurde aber wahrscheinlich gebaut (s. 2.3).

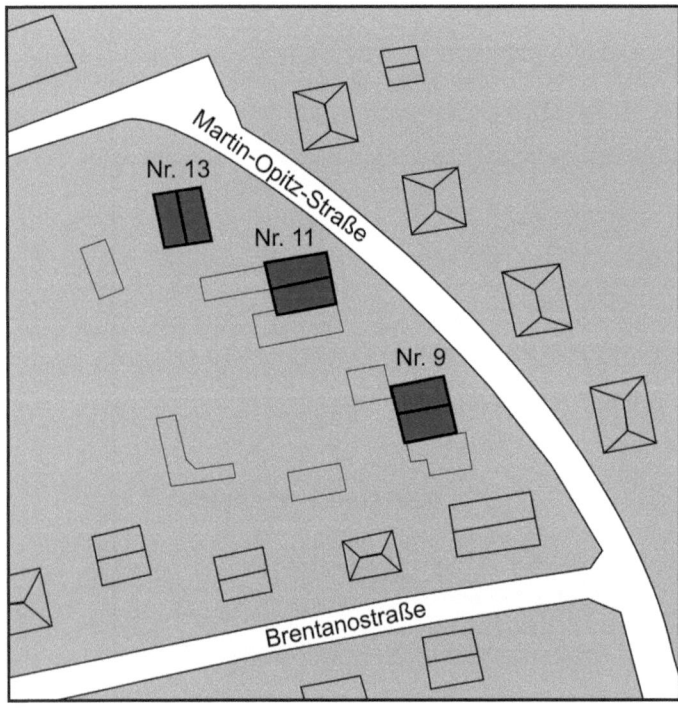

Lageplan der identifizierten Bauten (dunkel) von Hans Waloschek in Dresden-Omsewitz.

114

2.1.1 Das Einfamilienhaus für Herrn Artur Linke,

Dresden-Omsewitz, **Martin-Opitz-Str. 9** (Flurstück 125).

Dieses Haus wurde 1933 für Herrn **Artur Linke** (Adresse: Dresden, Auf der Scheibe 22) gebaut, der (laut Dresdner Adressbuch) 1935 dann auch in seinem neuen Haus wohnte. Als Beruf wird Schlossergehilfe genannt.

Die Pläne tragen das Datum Mai 1933. Das Haus ist vollständig unterkellert. Die Wohnfläche im Erdgeschoß beträgt 46,90 Quadratmeter und der Dachboden war ausbaufähig eingetragen. Er wurde offensichtlich dann auch ausgebaut, einschließlich des darüber liegenden weiteren Dachbodens. In der erhaltenen Bauplankopie ist nachträglich (per Hand) die Unterschrift „Hans Waloschek" eingetragen und sein Stempel, jedoch ohne Adressangabe. Von diesem Bau ist eine interessante Kostenzusammenstellung erhalten.

Das 1933 für Herrn Artur Linke gebaute Einfamilienhaus. Dahinter, etwas verdeckt, das Haus Martin-Opitz-Straße 11. Der Zustand (2004) entspricht nicht genau den erhaltenen Plänen (Dacherweiterung nach rechts). Foto Klaus Brendler (2004).

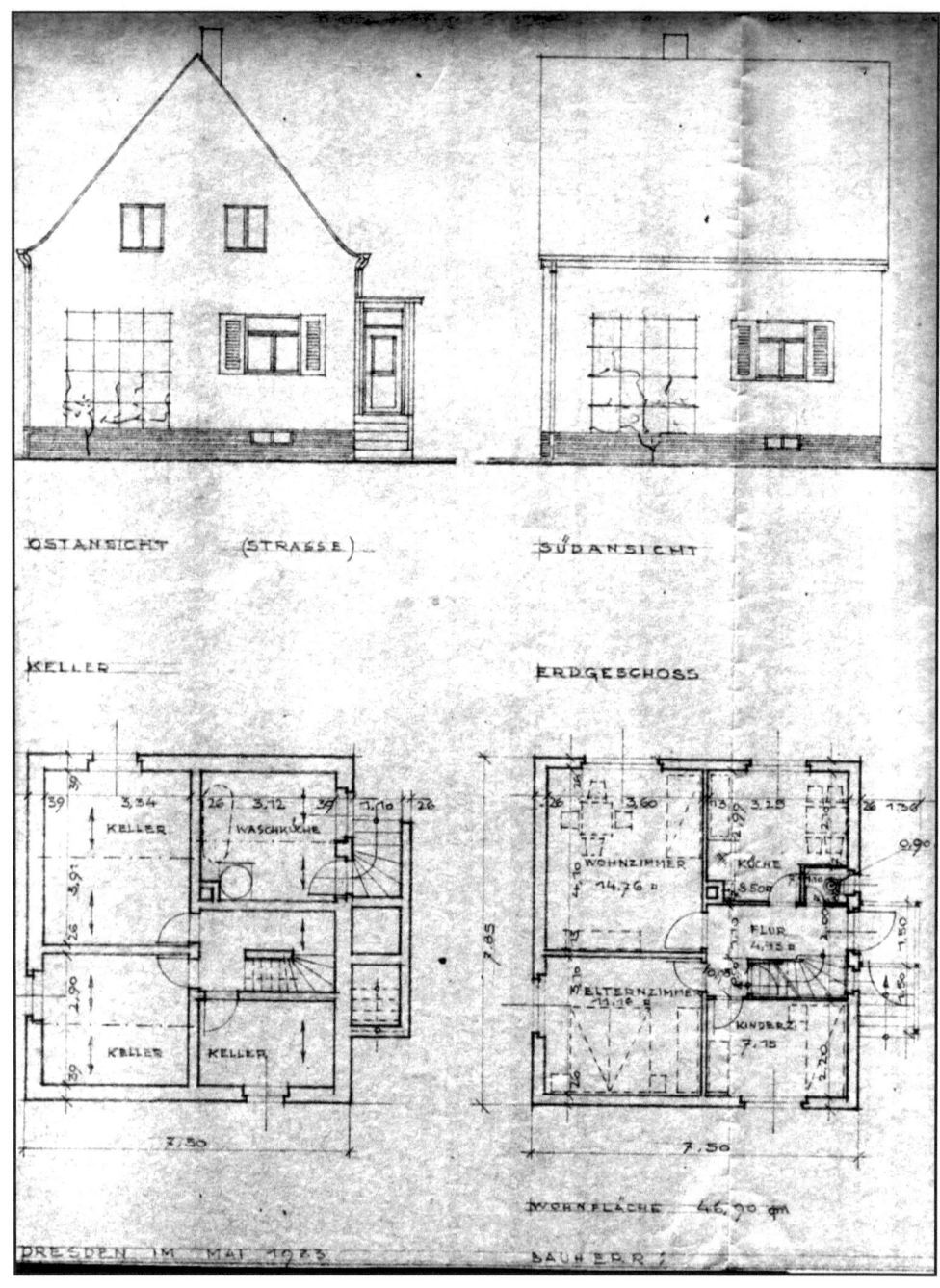

Einfamilienhaus für Herrn Artur Linke, Dresden-Omsewitz, Martin-Opitz-Straße 9.

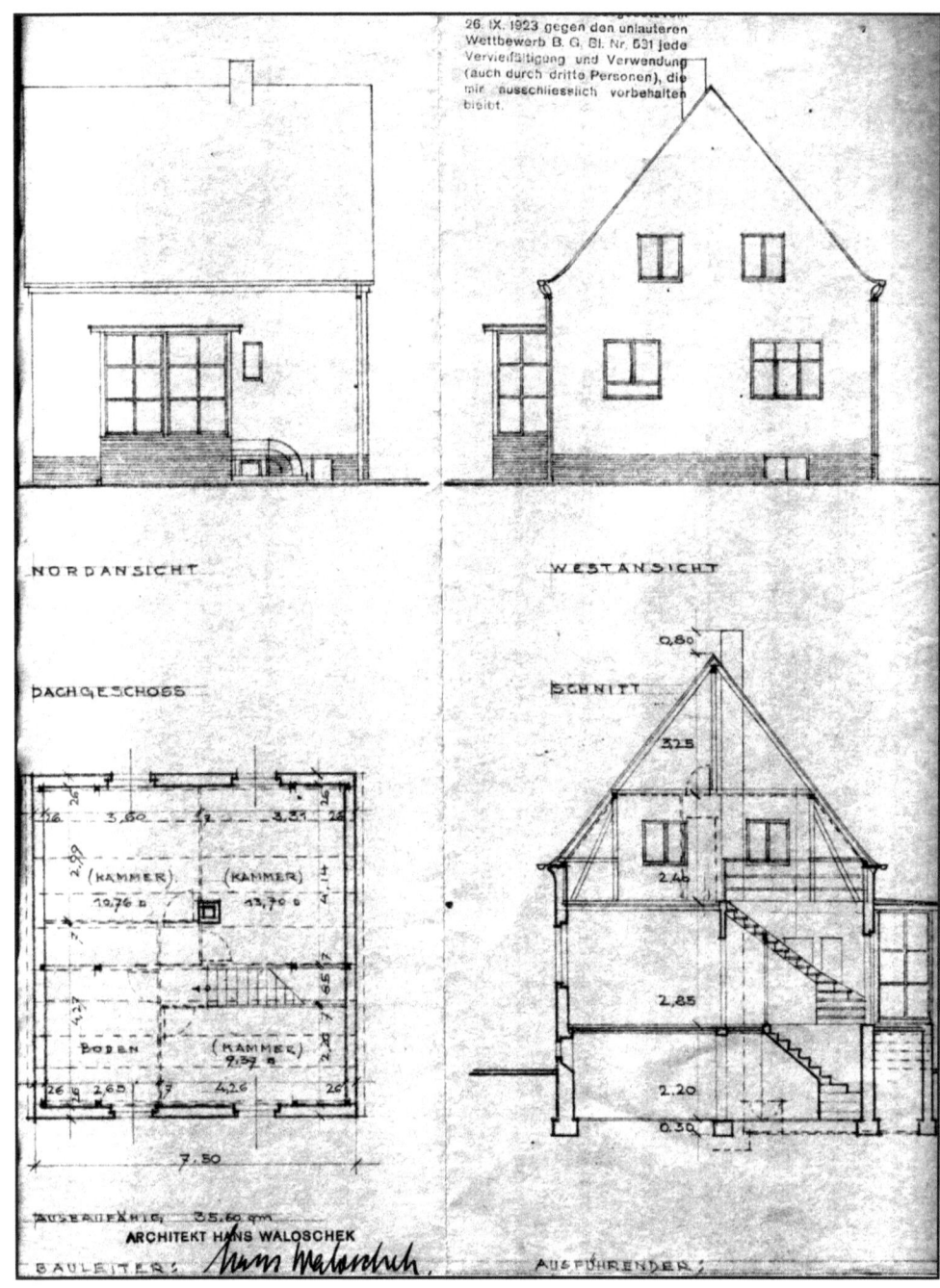

26. IX. 1923 gegen den unlauteren Wettbewerb B. G. Bl. Nr. 531 jede Vervielfältigung und Verwendung (auch durch dritte Personen), die mir ausschliesslich vorbehalten bleibt.

NORDANSICHT

WESTANSICHT

DACHGESCHOSS

SCHNITT

(KAMMER)
(KAMMER)

BODEN

(KAMMER)

7.50

ARCHITEKT HANS WALOSCHEK

BAULEITER:

AUSFÜHRENDER:

Einfamilienhaus für Herrn Artur Linke, Dresden-Omsewitz, Martin-Opitz-Straße 9.

117

zu einem Einfamilienhaus für Herrn Artur **L i n k e** in Dresden.

a) Bauland 720qm à 1.65 Rm   = rd. Rm   1.188.--

b) Anliegerleistungen (Straßen-u.Schleusenbaukosten)   "   "   1.173.--

c) reine Baukosten lt.Ausschreibung:

		Anschlag	Ausführung		
1. Erd-Beton-Maurerarbeiten					
Pos.1-4 Selbsthilfe	84.64	3797.06			
" 54,60 fällt aus	4.20				
" 62,63 Selbsthilfe	47.47				
" 72,87 fällt aus	163.96 ab	300.27	3496.79		
2. Zimmererarbeiten		1258.83			
Pos.14,22 fällt aus	52.20				
" 33,34,39 "	54.--				
" 18,30 Selbsthilfe	57.15 ab	163.35	1095.48		
3. Dachdeckerarbeiten		312.72			
Pos.5 fällt aus	12.-- ab	12.--	300.72		
4. Klempnerarbeiten		119.74	119.74		
5. Installationsarbeiten		258.09	258.09		
6. Tischler-u.Glaserarb.		572.25			
Pos.4 nur einfach	100.--				
" 8,12 fällt aus	130.-- ab	230.--	442.25		
7. Schlosserarbeiten		137.10			
Pos.14 fällt aus	27.--				
Selbsthilfe	50.-- ab	77.--	60.10		
8. Ofenarbeiten		318.60			
nur 1 transport.Herd					
und 1 eis.Stubenofen			160.--		
9. Elektr.Lichtanlage		146.50	146.50		
10. Malerarbeiten			160.--	"	6.239.67

d) Nebenanlagen u.Beschleusung   1136.55

Pos.1-5 fällt aus	240.--			
" 8-15 Selbsthilfe	469.10			
" 16,21,XX22 f.aus	128.50			
Ausschachtg.Selbsth.	40.50 ab	878.10	258.45	" 258.45
Anschluß für Gas,Wasser		150.--		" 200.--
" " elektr.Licht		50.--		

e) mittelbare Baukosten (Bauleitung,Licht-
pausen, Zwischenkreditzinsen)   "   290.88

                         Gesamtbaukosten :   Rm   9.350.--

Finanzierungsnachweis :
     Landeskulturrente   Rm 1.173.--
     I.Hypothek   "   3.500.--
     Reichsbaudarlehen   "   1.500.--
     Eigenkapital: Bauland 1188.-
             bar   1989.-   "   3.177.--
                       Summe   Rm 9.350.--

Dresden im Juli 1933.

Kostenzusammenstellung für das Haus von Herrn Artur Linke in Dresden-
Omsewitz, Martin-Opitz-Straße 9. Aus dem Nachlass von Hans Waloschek.

2.1.2 Das Zweifamilienhaus für Herrn Walter Linke,

Dresden-Omsewitz, **Martin-Opitz-Str. 11** (Flurstück 127).

Dieses Haus wurde 1933 für Herrn **Walter Linke** (Dresden-Pieschen, Mohnstr. 32) gebaut, der laut Dresdner Adressbuch 1935 auch dort im Erdgeschoß wohnte. Als Beruf wird Maschinenbauer genannt. Bald danach (1935) wohnte dort im Erdgeschoß **Otto Lehman** (Koch) und im 1. Stock **Kurt Linke** (Straßenbahnschaffner). Die Wohnungen im Erd- und Obergeschoß hatten jeweils 56,50 Quadratmeter Wohnfläche.

In der erhaltenen Bauplankopie vom August 1933 ist nachträglich (per Hand) eingetragen: **„Ausgeführt 1933 --- 2 mal als Einfamilienhäuser für Rudolf u. Arthur Linke"** mit der Unterschrift „Hans Waloschek" und seinem Stempel mit der Adresse „Dresden-N.23, Virchowstr. 28".

Das 1933 für Walter Linke gebaute Zweifamilienhaus. Zustand 2004, fotografiert von Klaus Brendler.

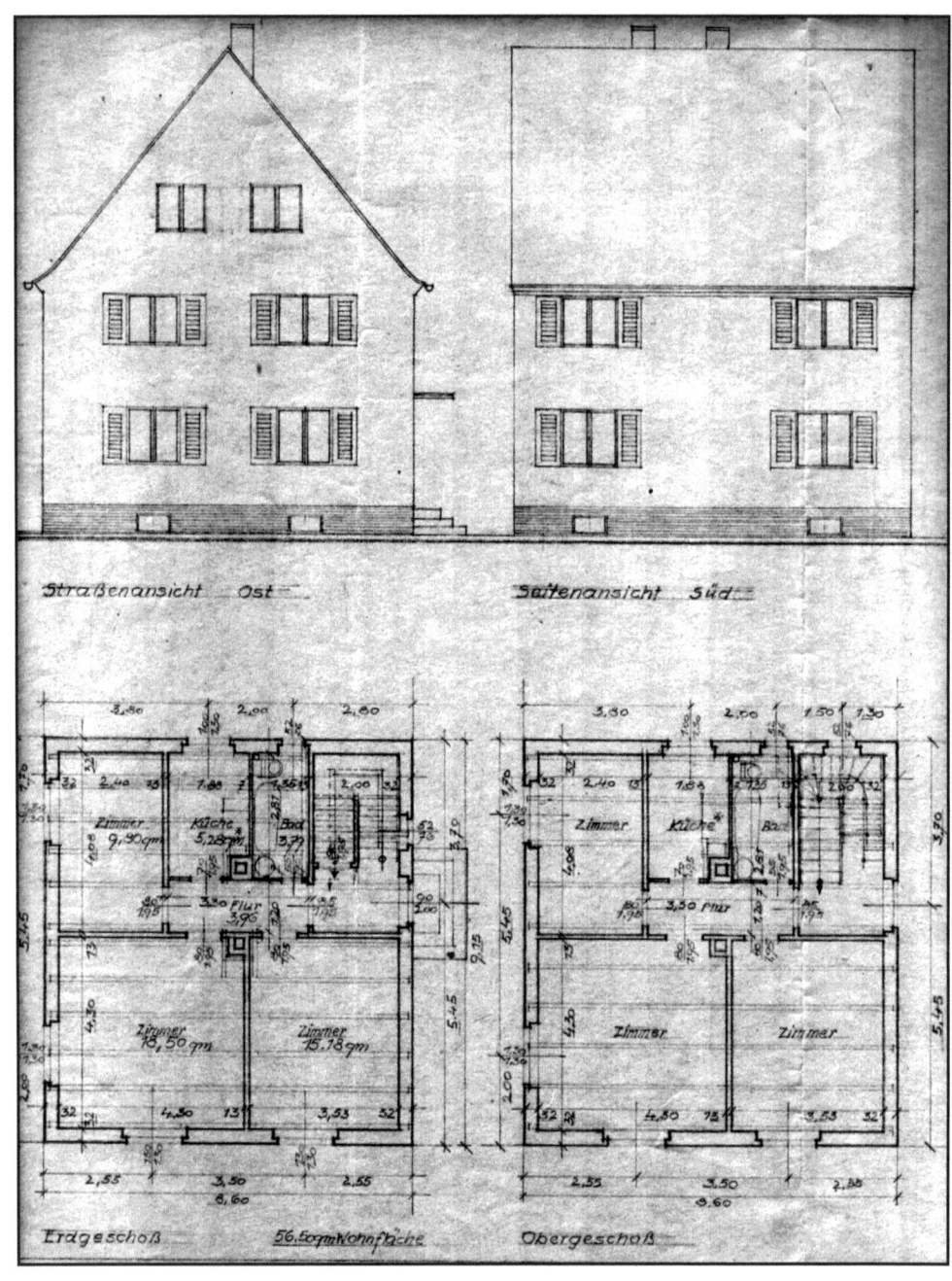

Zweifamilienhaus für Herrn Walter Linke, Dresden-Omsewitz, Martin-Opitz-Str. 11.

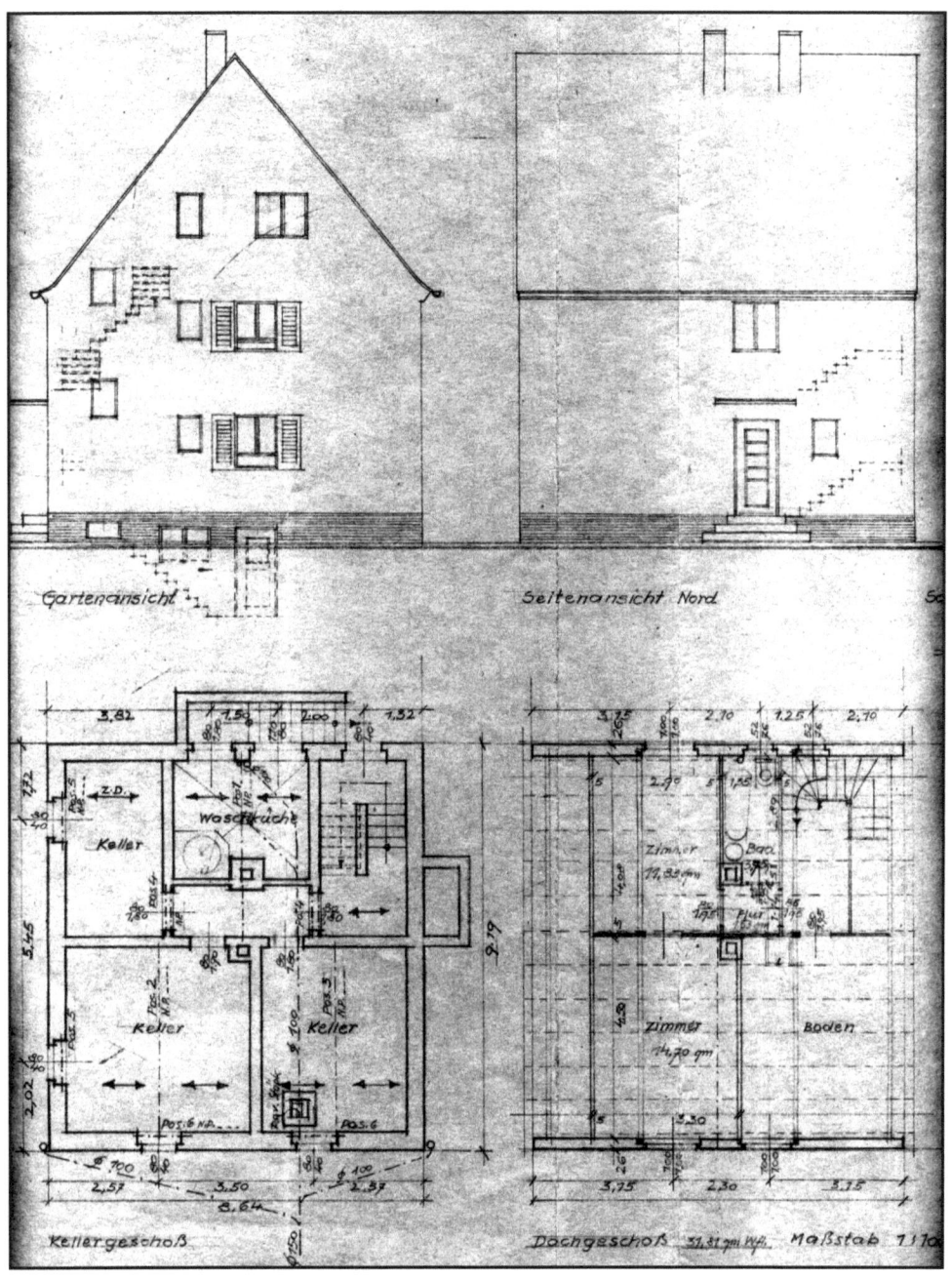

Zweifamilienhaus für Herrn Walter Linke, Dresden-Omsewitz, Martin-Opitz-Str. 11.

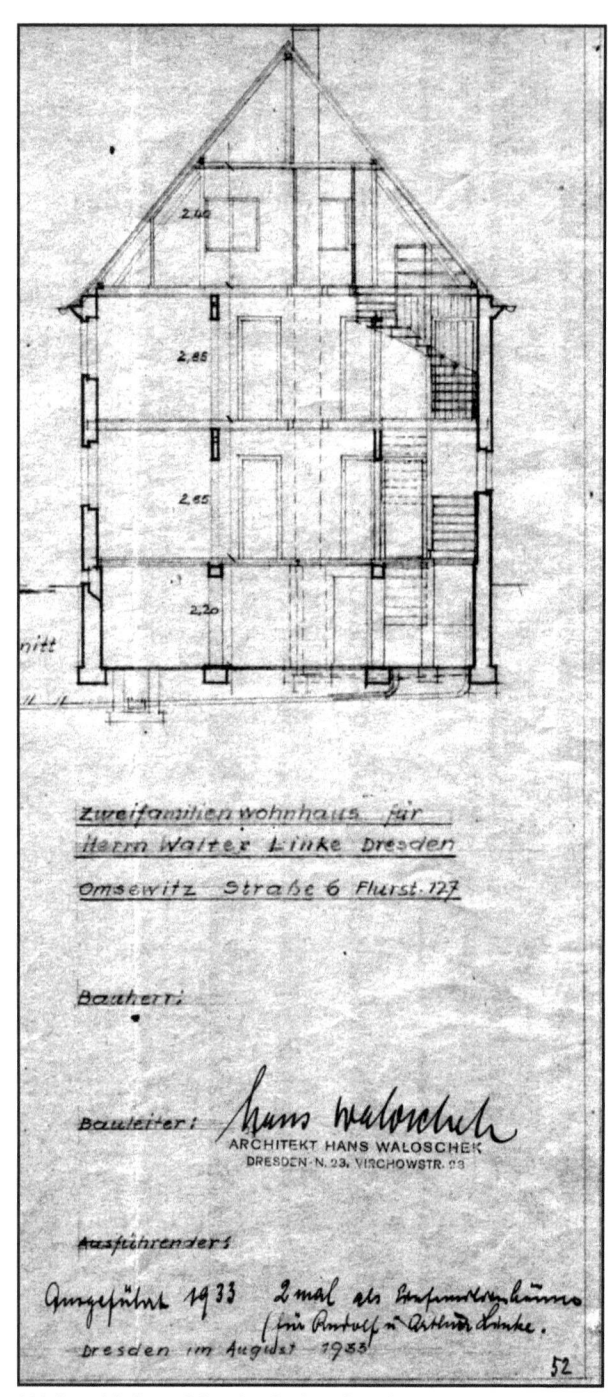

Walter Linke - Martin-Opitz-Str. 11.

2.1.3 Das Zweifamilienhaus von Rudolf Klotzsch

Dresden- Omsewitz, **Martin-Opitz-Str. 13** (Flurstück 118)

Dieses Haus wurde für Herrn **Rudolf Klotzsch** gebaut, der laut Dresdner Adressbuch 1935 in der Kleestraße 4 wohnte, also in der Großsiedlung Dresden-Trachau, nicht weit von der Wohnung von Hans Waloschek entfernt. Als Beruf wird Schlossergehilfe genannt.

Rudolf Klotzsch ist anscheinend in sein neues Haus nicht selbst eingezogen, da dort 1935 im Erdgeschoß **Fritz Rost** (Schutzpolizei-Hauptwachemeister) und im 1. Stock **Kurt Paul** (Glasergehilfe) angemeldet waren. In der erhaltenen Bauplankopie vom Dezember 1933 ist nachträglich (per Hand) eingetragen: „begonnen" mit der Unterschrift „Hans Waloschek" und seinem Stempel mit der Adresse „Dresden-N.23, Virchowstr. 28".

Das 1933 für Rudolf Klotzsch gebaute Zweifamilienhaus.
Zustand 2004, fotografiert von Klaus Brendler.

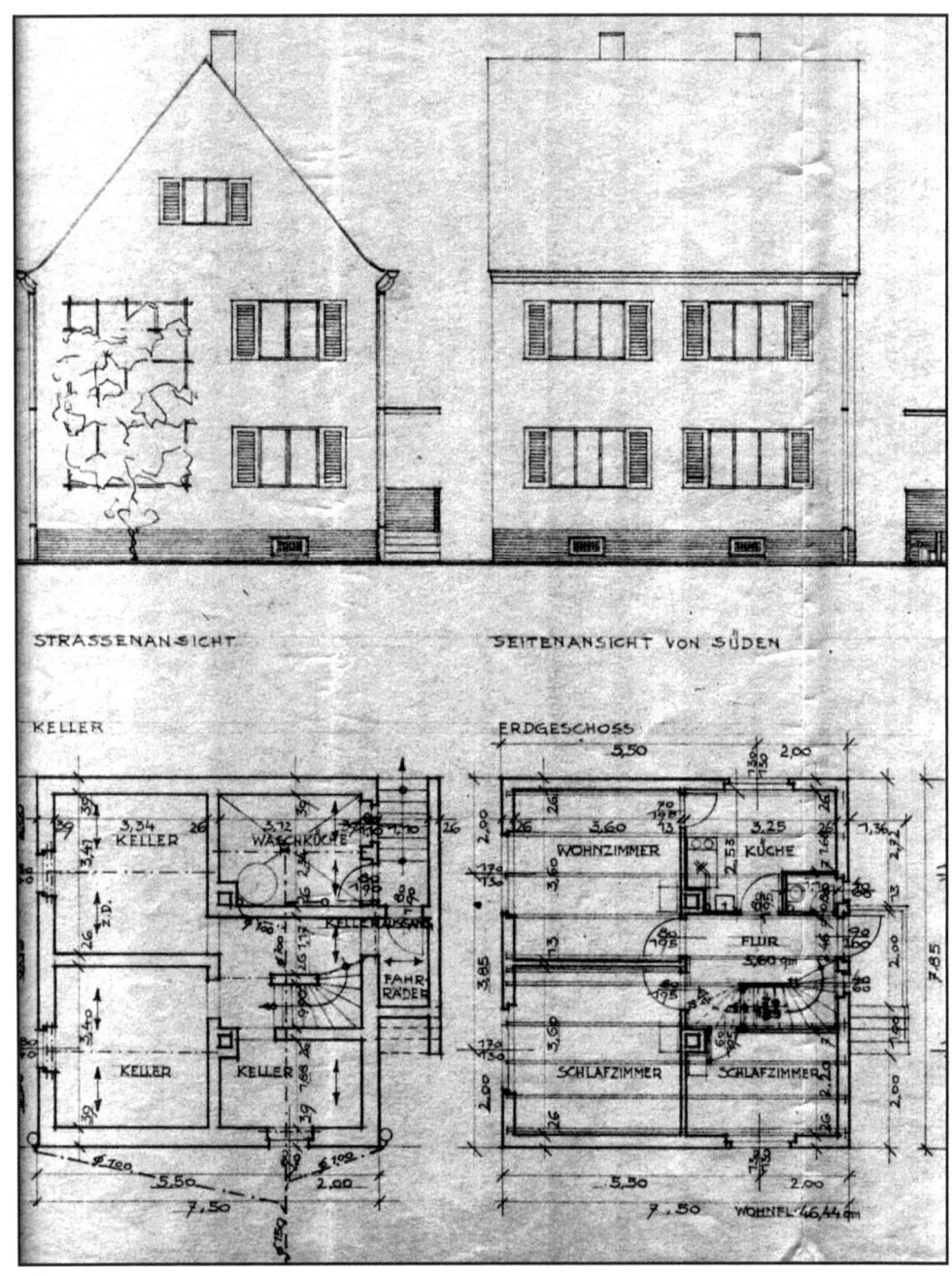

Zweifamilienhaus für Rudolf Klotzsch - Dresden-Omsewitz, Martin-Opitz-Str. 13.

124

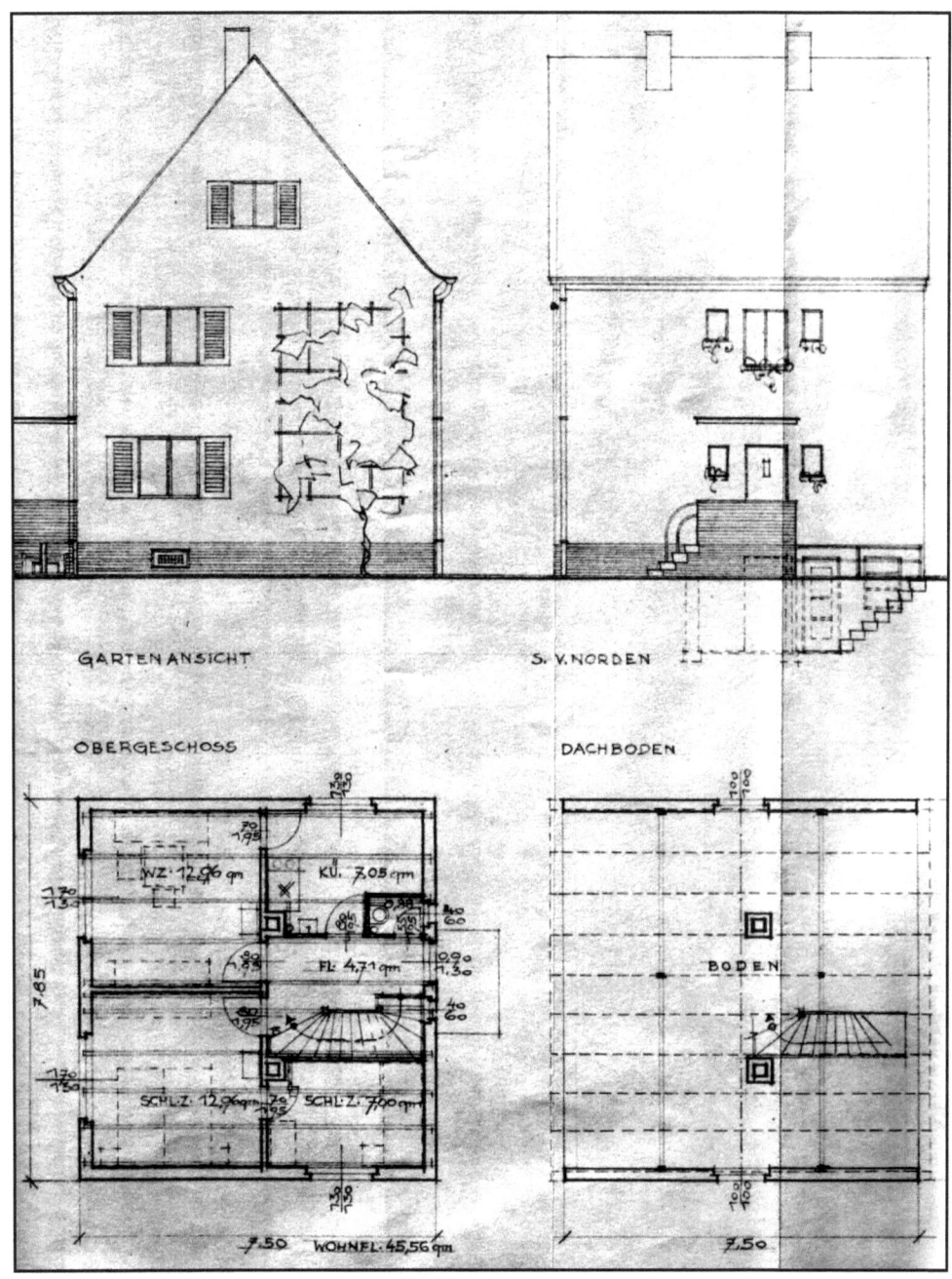

GARTENANSICHT   S.V.NORDEN

OBERGESCHOSS   DACHBODEN

WZ·12.96 qm   KÜ·7.05 qm

FL·4.71 qm   BODEN

SCHL·Z·12.96 qm   SCHL·Z·7.00 qm

7.85

7.50   WOHNFL·45.56 qm   7.50

Zweifamilienhaus für Rudolf Klotzsch - Dresden-Omsewitz, Martin-Opitz-Str. 13.

2.2 Das Einfamilienhaus Dr. Kurt Schäfer

Eine Lichtpause der Baupläne dieses Gebäudes (Maßstab 1:100) befindet sich im Nachlass von Hans Waloschek. Darauf ist nachträglich in Tinte die Bemerkung eingefügten **"ausgeführt 1933"** (Handschrift Hans Waloschek) und die Unterschriften "Dr. Klaus Schäfer" (als Bauherr) und "Hans Waloschek" (für die Bauleitung). Die Kopie wurde (wahrscheinlich erst später) mit Waloscheks Stempel versehen:

ARCHITEKT HANS WALOSCHEK
DRESDEN-N. 23, VIRCHOWSTR. 28

Auf dem Bauplan ist angegeben, dass das Haus auf dem
Flurstück Nicken 73, Parzelle 144 in der Alnpeckstraße
errichtet wird. Diese Straße befindet sich in Dresden-Prohlis/Nickern und es ist durchaus möglich, dass das Haus noch heute existiert. Bei einer Besichtigung der Alnpeckstraße im Jahr 2000 konnte das Haus allerdings noch nicht identifiziert werden.

Außerdem existiert im Hans-Waloschek-Nachlass der Durchschlag eines aufschlussreichen dreiseitigen Briefes vom 26. August 1933 (s. Faksimile) in dem der Bauherr (Dr. K. Schäfer) die Arbeitsgemeinschaft der Architekten
Baumstr. Jähnichen, Steinhäuser und Hans von Moisy,
Dresden A 19, Holbeistr. 90
beauftragt, sein Einfamilienhaus *"nach der baupolizeilichen bereits genehmigten Zeichnung zum Pauschalpreis von RM 8.200"* herzustellen.

Der Brief enthält viele historisch interessante Details über die Finanzierung und Ausführung des Vorhabens und am Ende die Adresse der beiden bevollmächtigten Architekten des Bauherren,
Hans Waloschek und Kurt Kießling,
Schützenhofstr. 119, Dresden-Trachau.
Offensichtlich hat hier Waloschek die Adresse von Kießling angegeben. Auch der Bauherr wohnte in Trachau, nämlich in der Frauenhoferstr. 29. Sie kannten sich wohl alle schon vorher.

Da Hans Waloschek bis zum 7. Dezember 1933 noch in Dresden war, ist anzunehmen, dass er den Bau dieses Hauses unter politischem Druck, oder wegen der Verweigerung staatlicher Zuschüsse, an die erwähnten Architekten weitergegeben hat, die wahrscheinlich nicht als "Staatsfeinde" (wie er) betrachtet wurden.

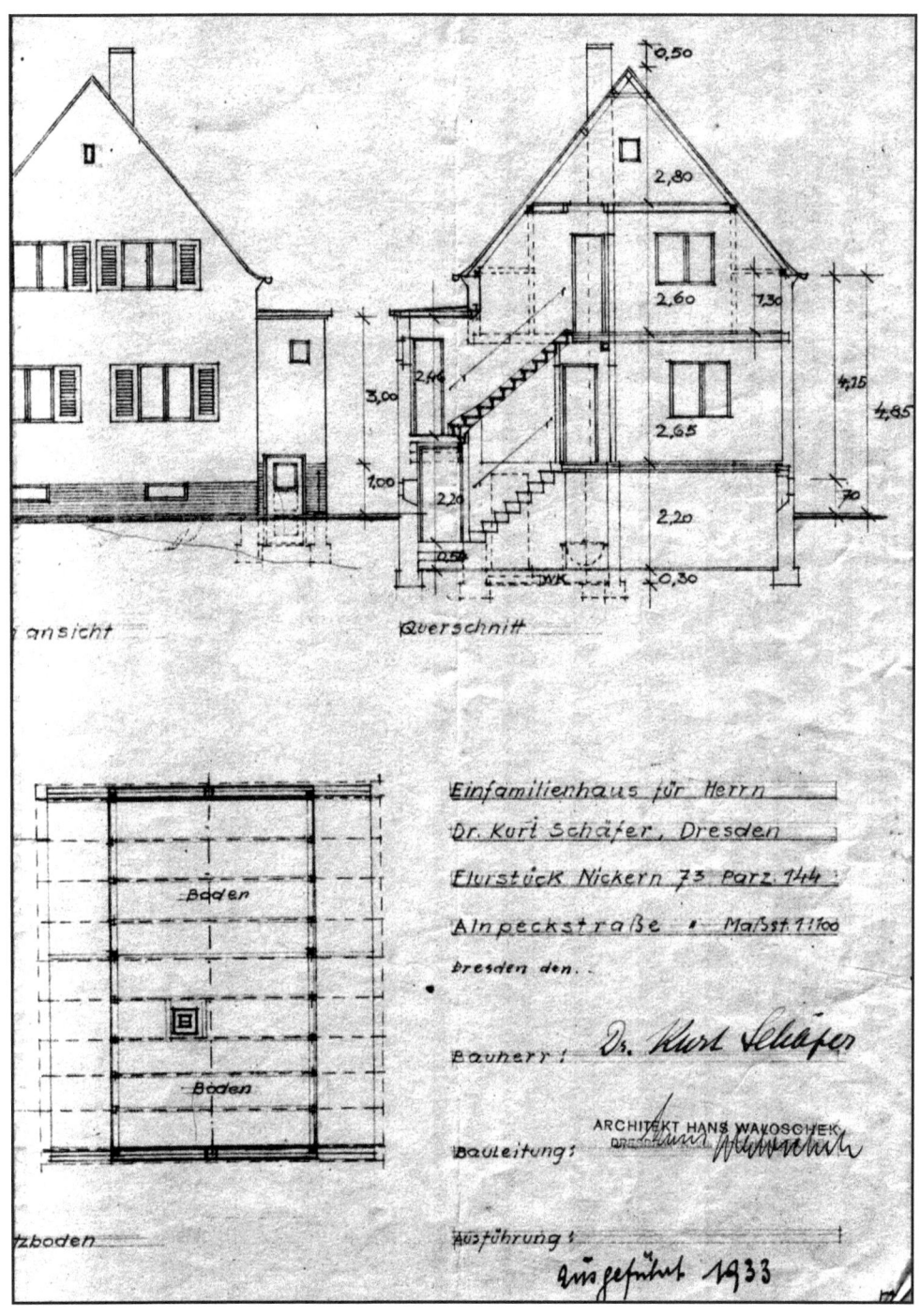

ansicht Querschnitt

0,50

2,80

2,60 7,30

3,00 2,44

1,00

2,65

4,15

4,85

2,20

2,20

70

0,54

WK

0,30

Boden

Boden

zboden

Einfamilienhaus für Herrn

Dr. Kurt Schäfer, Dresden

Flurstück Nickern 73 Parz. 144

Alnpeckstraße   Maßst. 1:100

Dresden den.

Bauherr: Dr. Kurt Schäfer

Bauleitung: ARCHITEKT HANS WALOSCHEK

Ausführung:

ausgeführt 1933

127

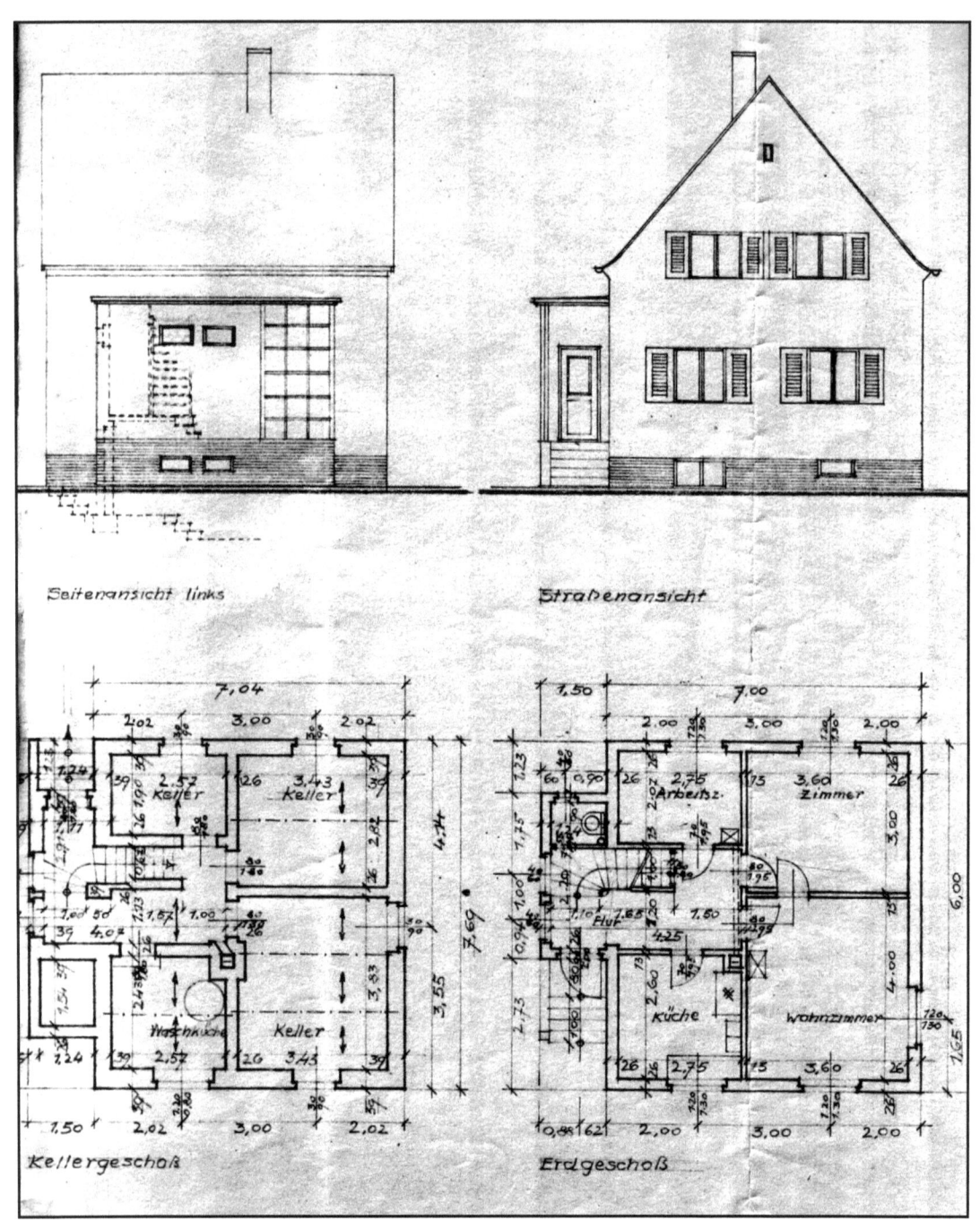

Einfamilienhaus für Dr. Kurt Schäfer

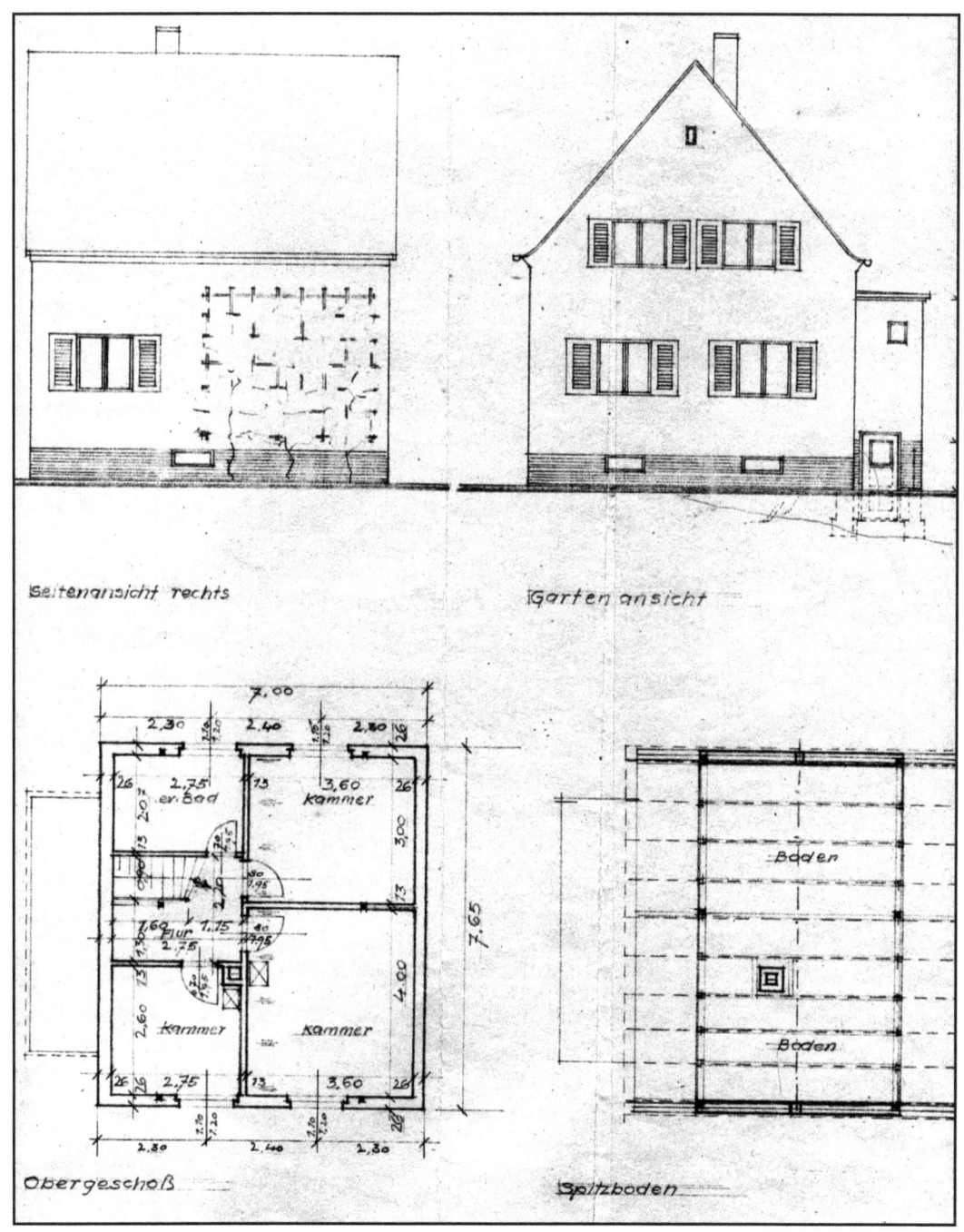

Seitenansicht rechts

Garten ansicht

Obergeschoß

Spitzboden

Einfamilienhaus für Dr. Kurt Schäfer

129

Dresden, den 26.August 1933.

An die   Arbeitsgemeinschaft der Architekten
        Baumstr.Jähnichen, Steinhäuser und Hans von Moisy

                                    D r e s d e n   A 19
                                    Holbeinstr.90

Betr.Neubau Dr.Schäfer
Nickern Parz.144.

        Unter Bezugnahme auf die bisherigen Verhandlungen und
den Schriftwechsel zwischen Ihnen und Herrn Arch.Hans Waloschek
übertrage ich Ihnen die

        schlüsselfertige Herstellung meines Einfamilienhauses
nach der baupolizeilich bereits genehmigten Zeichnung zum Pauschalpreis von

        Rm 8.200.- i.B. achttausendzweihundert Rm .
In diesem Preis sind sämtliche zur schlüsselfertigen Herstellung
notwendigen Bau- Handwerker-und Nebenarbeiten auf Grund des von
Ihnen am 2.August eingereichten Kostenanschlagesabzüglich der in
der Baukostenzusammenstellung vom 14.August 1933, die diesem
Schreiben beiliegt, festgelegten nicht auszuführenden Arbeiten
und Preisnachlässe, enthalten. Die Kostenanschlagspreise erniedrigen
sich prozentual nach den von Ihnen gewährten Nachlässen. Kleinere
Nebenarbeiten, die zur vollständigen Bauherstellung notwendig sind,
jedoch im Kostenanschlag nicht enthalten sein sollten, sind im
Pauschalpreis eingeschlossen. Ferner ist in diesem Pauschalpreis
Ihre verantwortliche Bauleitung, die Beschaffung einer I.Hypothek
in Höhe von Rm 3.500.- sowie die Beschaffung eines Zwischenkredites

in gleicher Höhe zu höchstens 8 % Zinsen bis zur Auszahlung einer
für mich tragbaren I.Hypothek enthalten, das heisst alle Provi-
sionen, Gebühren, Wechselspesen, etc. gehen zu Ihren Lasten.

Bezüglich der Handwerkerarbeiten bitte ich Sie folgende
Firmen zu berücksichtigen, deren Preisangebote diesem Schreiben
beiliegen :

Klempner-und Installationsarbeiten :Hermann Krauß Dresden A 40
                                           Karlsruherstraße 7

Eiserne Fenster und Gardineneisen : Bauing.Max Vogel, Dresden A
                                          Rabenerstr.7   (*)

Elektrische Anlagen : Richard Zachmann, Dresden A 1, Waisenhausstr.
                                                          Nr.30
Malerarbeiten : Oskar Gneuß, Dresden A 16, Hopfgartenstr.Nr.10

Bezüglich der Ofenarbeiten behalte ich mir vor, die Einkäufe selbst
zu tätigen. In diesem Falle würde der in der Baukostenzusammenstellung eingesetzte Betrag von Rm 312.28 von der Bausumme, bezw.von der
zweiten Barzahlung in Abzug gebracht.

Die Arbeiten sind sofort in Angriff zu nehmen und wie
folgt fertigzustellen :

Rohbauarbeiten einschl.Richten   bis 20.September 1933
restlose Fertigstellung aller Arbeiten bis 20.November 1933.

Die Selbsthilfearbeiten wie Erdarbeiten etc. werden unter
Ihrer Aufsicht und nach Ihrer Anleitung ausgeführt. Für die genaue
Einhaltung der Baukosten, sowie für die Verwendung guter Materialie
und solide Ausführung übernehmen Sie die gesamte Verantwortung. Bau-
kostenüberschreitungen ohne meiner schriftlichex Bestätigung öder
Zustimmung meines Bevollmächtigten werden nicht bezahlt.

Zahlungen werden wie folgt geleistet :

beim Richten   Rm 2.500.--
bis zur Fertigstellung nach Baufortschritt
      durch Zwischenkredit bis   " 3.500.--
nach Fertigstellung und Abnahme sämtlicher Arbeiten   " 2.000.--
      (bei Selbsteinkauf der Oefen nur Rm 1687.72.)
Garantiesumme bleibt auf 2 Jahre gegen 3% Zinsen steh. " 200.--
                                          Summe   Rm 8.200.--

3

Nichteinhaltung der Termine bewirkt eine Verzugsstrafe von Rm 20.- pro Tag, die Sie Ihren Bau-und Handwerkerfirmen verhältnismäßig zur Sicherheit auferlegen wollen.

Von mir oder meinen Bevollmächtigten Architekten Hans Waloschek und Kurt Kießling beanstandete Baumängel werden Ihnen zur Kenntnis gebracht und Sie übernehmen die Verpflichtung,für sofortige Beseitigung derselben zu sorgen. Neben der Reichsverdingungsordnung für Bauleistungen gelten die beiliegenden besonderen Bedingungen und das B.G.B. für die Haftung der Bauausführenden als rechtsverbindlich.

Als Sicherheit verbleibt eine Garantiesumme von Rm 200.- auf die Dauer von zwei Jahren gegen eine 3%ige Verzinsung, die einschließlich Zinsen nach Ablauf der Frist fällig wird, falls sie nicht zur Beseitigung von Baumängeln in Anspruch genommen werden muß.

Gerichtsstand in allen Streitfällen ist Dresden.

Der Auftrag gilt erst dann als erteilt, wenn Sie beiliegendes Bestätigungsschreiben rechtsverbindlich unterzeichnet an meine Bevollmächtigten eingesandt haben.

Hochachtungsvoll

Bevollmächtigte des Bauherrn: Bauherr :

/ Arch.Hans Waloschek-Kurt Kießling /   / Dr.Kurt Schäfer,Dresden /
Dresden N 23 Schützenhofstr.119.   N 23 Frauenhoferstr.29.

(*) Bemerkung zu S. 2 des Briefes: Das Haus Nr.9 ist das einzige in der Rabenerstraße, das laut Schadenspläne des Stadtbauamtes Dresden 1945/46 den Bombenangriff von 1945 ohne größeren Schaden überstanden hat. Da die Familie Waloschek 1928 bis 1930 in der gleichen Straße (Nr. 19) wohnte, hat Pedro Waloschek die verfallene Ruine des Hauses Nr. 9 im Jahr 1986 fotografiert. In der Gegend der Nr. 19 stand nun das rechts gezeigte Hochhaus.

2.3 Weitere Projekte 1933

Einige Vorhaben, die Hans Waloschek als selbstständiger Architekt ausführen wollte (nachdem am 31. Oktober 1932 die GEWOG-Dresden und die DEWOG ihre Bautätigkeit eingestellt hatten), wurden sehr wahrscheinlich auf Drängen der Nationalsozialisten gar nicht oder unter anderer Leitung durchgeführt. Die im Nachlass von Hans Waloschek **[WaHH]** darüber gefundenen Unterlagen darüber werden im Folgenden kurz zusammengestellt.

2.3.1 Die „Siedlung Löbtau" in Dresden-Naußlitz

Für den **„Siedlerverein Dresden-Löbtau e.V."** im Allgemeinen Sächsischen Siedlerverband e.V. (ASSV) hatte die GEWOG-Dresden schon 1929/1930 die Siedlung in Dresden-Wölfnitz (Düsseldorfer Straße, s 2.8) erstellt. Für den gleichen Siedlerverein sollte dann eine ähnliche Siedlung (nicht weit entfernt) in der

Burgwartstraße, Dresden-Nausslitz/Wölfnitz

gebaut werden. Es ist möglich, dass der Entwurf dieser Siedlung zum Teil noch in den Büros der GEWOG-Dresden entstanden ist. Für die Durchführung und Bauleitung hat dann im Mai 1933 Hans Waloschek seine Dienste angeboten.

Es handelt sich um 60 Heimstätten, von denen erst nur 40 und etwas später weitere 20 ausgeführt werden sollten.

Der Vertrag für die Durchführung und Bauleitung war offensichtlich schon im Mai 1933 unterschriftsreif, wie man aus der Kopie einer Fassung ersehen kann, die Waloschek an den Siedlerverein, Fliederweg 10, Dresden A 28 (Herrn Sonntag) geschickt hat (s. Faksimile). Darin wird ein Honorar für die Bauleitung von 200 RM pro Heimstätte vereinbart und zusätzlich einige weitere Vergütungen.

Im Juni 1933 hat Hans Waloschek eine Zusammenstellung der Kosten für eines der Häuser nachgereicht, wobei nochmals das Honorar für die Bauleitung erwähnt wird. Bemerkenswert ist zum Beispiel der günstige Preis des Grundstücks, das offensichtlich von der Stadt Dresden zur Verfügung gestellt wurde.

Aus einem Brief von Hans Waloschek an den Vorsitzenden des Siedlervereins, Herrn Gerstmann, geht hervor, dass der Architekt Kurt Kißling (Dresden-Trachau) an den Verhandlungen beteiligt war.

Waloschek hätte mindestens ein Honorar von 12.000 RM für die Bauleitung der 60 Heimstätten erhalten, eine Zahl, die er auch später mehrmals in verschiedenen Schriftstücken erwähnt. Dabei wird der Auftrag als *„storniert"* oder *„verloren gegangen"* erwähnt und immer als **„Siedlung Löbtau"** bezeichnet. Der Verlust dieses Auftrages hat seine weitere Arbeit als Architekt in Dresden praktisch unmöglich gemacht.

Die Siedlung wurde wahrscheinlich nie gebaut, jedenfalls nicht in der Burgwartstraße, denn in den heutigen Satellitenbildern kann man in dieser Straße keine siedlungsartige Häusergruppe erkennen.

```
        An den

        Siedlerverein Dr.Löbtau
        z.H.d.Vors.Hr.Gerstmann

                Dr. A 28
                Düsseldorferstr.25

Lageplan                                31.5.1933.

        Unter Bezugnahme auf Ihren mir durch Herrn
Kiessling übermittelten Wunsch sende ich Ihnen in der Beilage
den Original-Lageplan der Siedlung Nausslitz.

                        Mit Siedlergruss
```

Brief von Hans Waloschek an den Siedlerverein Dresden-Löbtau.

Dresden am 18.Mai 1933.

Herrn Architekt D.W.B. Hans Waloschek,

Dresden N 23

Kirchhoffstr.8

Betr.: Betreuungsauftrag Naußlitz.

    Auf Grund der bisherigen Verhandlungen beauftragen wir
Sie hierdurch mit der Bauleitung unseres Bauvorhabens in Dresden
Naußlitz,an der Burgwartstrasse im Umfange von 6o Heimstätten.
Es kommen zunächst 4o Objekte zur Ausführung;über die weiteren 2o
erhalten Sie noch Nachricht bezgl.Baubeginn etc.

    Die von Ihnen zu leistenden Arbeiten umfassen die Anferti-
gung der Bauvorlagen,Eingabezeichnungen einschl kleinerer Tekturen,
die Polierpläne 1:5o für den Normaltyp,etwa notwendige Details,
die Veranschlagung,Arbeitsvergabe,örtliche Bauleitung,Abrechnung
und Uebergabe der fertigen Häuser.Die Arbeitsvergabe erfolgt nur
in Gemeinschaft mit dem Vorstand unseres Vereins.Die Abrechnung ist
in sechsfacher Ausfertigung herzustellen und bezieht sich auf das
Gesamtobjekt.

    Für diese Tätigkeit erhalten Sie eine Pauschalvergü-
tung von RM 2oo.-(zweihundert RM) für eine Heimstätte.Die Vergütung wird dem Baufortschritt entsprechend zur Auszahlung gebracht
und zwar 1/4 bei Beginn der Maurerarb.,1/4 beim Richten,1/4 bei
Beginn der Malerarb. und 1/4 beim Bezug.

    Für besondere Aenderungen und neue Zeichnungen für Sonder-
wünsche erhalten Sie eine Vergütung von 4% der entstehenden Mehr-
kosten.Dafür haben Sie auch die Tekturen und Lichtpausen zu liefern.
Für die auf aufgefüllten Boden zu errichtenden Heimstätten wird eine

-/-

Entwurf des Auftrages des Siedlervereins Dresden-Löbtau an den Architekten
Hans Waloschek zur Erstellung und Bauleitung einer Siedlung in Dresden-Naußlitz.
Fortsetzung auf den nächste Seite.

besondere Planung und Ausführung notwendig sein und wird nach dem
Satze für Sonderwünsche honoriert.

Alle Verhandlungen mit Behörden und Bauausführenden haben
Sie namens und im Auftrage des Vereins zu führen,rechtsverbindliche
Abmachungen trifft letzenendes der Vorsitzende.Zur besonderen Bau-
aufsicht stellen Sie einen von Ihnen zu wählenden Vertrauensmann.
Aenderungen am Bauwerk dürfen nur mit Zustimmung unseres Bevollmächtigten vorgenommen werden.Sämtlich Arbeiten werden zu festen Preisen
Pauschal vergeben.Die Bautermine werden in einer besonderen Aussprach
festgelegt.Zahlungen an die Bauausführenden werden nur auf Ihre An-
weisung vom Verein geleistet.Die Zahlungstermine werden in der jeweil
vor der Arbeitsvergabe stattfindenden gemeinsamen Aussprache festge-
legt.Alle den Bau betraffenden Anordnungen erfolgen durch Sie bezw.
durch Ihren örtlichen Bauführer in Vollmacht.Wir verpflichten Sie
auf strengste Einhaltung der beschlossenen Bauweise,Bautermine und
insbesondere auf die Ueberwachung der Bauausführung.

Wir bitten Sie uns dieses Auftragschreiben schriftlich zu bestätigen.

Zusammenstellung

der Baukosten bei Errichtung eines Einfamilienhauses

für den Siedlerverein Dresden Löbtau 1933.

1.Erd-Beton-Maurer-u.Zimmererarbeiten	Rm	4.300.--
2.Dachdeckerarbeiten	"	205.-
3.Klempnerarbeiten	"	135.--
4.Be-und Entwässerung	"	180.--
5.Elektr.Licht-und Klingelanlage	"	100.--
6.Fensterladen	"	110.--
7.Glaserarbeiten	"	260.--
8.Tischlerarbeiten	"	330.--
9.Gasleitung	"	25.--
10.Schlosser- und Schmiedearbeiten	"	165.--
11.Ofenarbeiten	"	250.--
12.Malerarbeiten	"	285.--
13.Bauleitung	"	200.--
14.Zinsen während der Bauzeit	"	350.--
15.Anschlußkosten für Gas und Wasser	"	30.--
16. " " Licht	"	30.--
17.Gebühren, Verschiedenes und Reserve	"	150.--
18.Straßen-und Schleußenbaukosten	"	900.--
19.Land	"	800.--
	Rm	8.805.--
abzüglich Selbsthilfe	"	455.--
	Rm	8.350.--

ARCHITEKT HANS WALOSCHEK
DRESDEN-N.23, KIRCHHOFFSTR.2, TEL.56592

Kostenvoranschlag für eines von 60 Einfamilienhäusern, die in der Burgwartstraße (Dresden-Nausslitz/Wölfnitz) 1933 gebaut werden sollten.
Der Auftrag wurde storniert oder nie erteilt. Aus dem Nachlass Hans Waloschek.

2.3.2   Verlorene Aufträge

In einer Aufstellung seiner Arbeitseinkommen in den Jahren 1927 bis 1956 erwähnt Hans Waloschek, dass er 1933 Honorare in Höhe von 12.900 RM, unter dem Druck der damaligen Machthaber, verloren hat. Davon sind schon 12.000 RM allein der nicht gebauten Siedlung Löbtau (s. 2.3.1) zuzuschreiben. Es bleiben für andere Vorhaben insgesamt nur bescheidene 900 RM übrig, über die noch einige Daten im Nachlass Waloscheks gefunden wurden.

Wohnungen für die Deutschen Werkstätten.
Schon am 12. Oktober 1932 haben die durch ihre modernen Möbel bekannten **Deutschen Werkstätten A.G. Hellerau** Hans Waloschek schriftlich eine Abmachung bestätigt, nach der er ein Projekt für den Bau von **Wohnungen in den Fabrikflügeln A und B** ausarbeiten sollte. Dabei sollte Waloschek auch einen Kostenvoranschlag und eine Aufstellung über den möglichen Mietertrag anfertigen. All dies sollte einstweilen **unentgeltlich** geschehen. Erst nach der Entscheidung zur Durchführung wäre ein Honorar in Höhe von **300 RM** fällig. Dies war wohl der erste Auftrag für seine selbstständige Tätigkeit als Architekt, die ja offiziell erst am 1. November 1932 begann.

Ein achtseitiger Durschlag von Waloscheks Antwort und Baubeschreibung vom 2. November 1932 ist in seinem Nachlass erhalten. Darin wird das Vorhaben (in der damals gerade modernen „nur Kleinschrift") mit vielen Details beschrieben und begründet. Die darin erwähnten Pläne sind leider nicht erhalten, dagegen eine Liste der Räume und Wohnflächen der einzelnen Wohnungen. Es handelt sich um 36 Wohnungen (zwischen 36 und 64 qm Wohnfläche), die aus Vorraum, WC, Küche oder Wohnküche, ein Wohnzimmer und ein oder zwei Schlafzimmern bestanden. Sie sollten alle Zentralheizung und (für die Küche) einen Gasanschluss haben.

Umbau „Posthaus Kipsdorf".
Auf Veranlassung des Genossen Leuteritz (vom Metallarbeiterverband) hat Hans Waloschek für die **Allgemeine Deutsche Gesellschaft für Ferien- und Erholungsheimen GmbH** (mit Sitz in Jena/THür., Marienstr. 1) ein Projekt für den Einbau von **5 Wohnungen** in das der Gesellschaft gehörende Gebäude **„Posthaus Kipsdorf"** ausgearbeitet, in dem zur damaligen Zeit noch eine Amtsstelle der Deutschen Reichspost untergebracht war.

Der im Nachlass von Waloschek erhaltene Vorschlag, einschließlich Kostenberechnung (und Plänen die allerdings nicht erhaltenen sind) wurde am 5. November 1932 mit einer Rechnung über 200 RM „für bereits geleistete Arbeiten" überreicht, also kurz nachdem Waloschek selbstständig wurde.

Umbau von Büros in eine Wohnung im Volkshaus Dresden.

Eine handschriftlich unterzeichnete Lichtpause zeigt den Umbau von Büros in eine 76,10 qm Wohnung im 3. Obergeschoss des Gebäudes der **Volkshaus Dresden G.m.b.H**. Der Plan 1:100 wurde im Februar 1933 von Hans Waloschek selbst gezeichnet und trägt seinen Stempel mit der Adresse Dresden N. 23, Kirchhoffstr. 2.

Sechsfamilienhauses für Herrn Schwalbe.

Zwei Originalzeichnungen von den Architekten **Hans Waloschek und Kurt Kießling** (Dresden N 23) mit vier Alternativen für die Raumaufteilung eines **Sechsfamilienhauses für Herrn Schwalbe** sind erhalten. Als Adresse wird **Coschütz, Kohlenstraße 178** angeben. Diese Hausnummer gibt es in der Straße nicht. Herr **Gert-R. Lechner** (der selbst in der Kohlenstraße wohnt) fand in alten Lageplänen, dass es sich um die **Parzelle 178** (an der Kohlenstraße) handeln muss. Ältere Anwohner konnten ihm bestätigen, dass das dort stehende Haus mit der **Nummer 52** tatsächlich für einen Herrn Schwalbe gebaut wurde. Das Äußere entspricht nicht den Vorschlägen von Waloschek und Kießling. Es könnte sich um eine spätere (etwas kleinere) Fassung handeln, die von Kießling oder einem anderen Architekten fertiggestellt wurde.

Einfamilienhaus „Thanhof".

Eine unterzeichnete Lichtpause einer Zeichnung von Hans Waloschek für ein recht komfortables Einfamilienhaus trägt den Titel **„Haus Thanhof"**. Es wird eine Wohnfläche von 124 qm angegeben und Kosten in Höhe von 10.944 RM. Das Haus hat einen Keller mit Tiefgarage und im Erdgeschoss neben Windfang, Diele, Küche und WC ein Wohnzimmer, ein Herrenzimmer und ein Arbeitszimmer. Im Obergeschoss befinden sich drei Schlafzimmer (für Eltern, Tochter und Sohn) ein Bad und ein WC. Die Lichtpause trägt Waloscheks Stempel mit der Adresse Kirchhoffstr. 2 und das Datum Februar 1933. Über dieses Vorhaben liegt keine weitere Information vor.

Einfamilienhaus Rudolf Linke.

Der auf der nächsten Seite gezeigte Kostenvoranschlag für ein Einfamilienhaus eines Herrn **Rudolf Linke** konnte bis jetzt keinem tatsächlich existierenden Gebäude zugeordnet werden. Es ist auch möglich, dass es sich um einen Irrtum im Vornamen handelt und dass einer der drei eindeutig identifizierten Herren Linke gemeint ist.

Baukostenzusammenstellung

zu einem Einfamilienhaus für Herrn Rudolf L i n k e in Dresden.

a) Bauland 600qm a 1.65 Rm   = rd.   Rm 1.000.--
b) Anliegerleistungen (Straßen-u.Schleusenbaukosten) "   " 1.020.--
c) reine Baukosten lt.Ausschreibung:

		Anschlag	Ausführung
1.Erd-Beton-Maurerarbeiten		3797.06	
Pos.1-4 Selbsthilfe	84.64		
" 54,60 fällt aus	4.20		
" 62,63 Selbsthilfe	47.47		
" 72,87 fällt aus	163.96 ab 300.27		3496.79
2.Zimmererarbeiten		1258.83	
Pos.14,22 fällt aus	52.20		
" 33,34,39 " "	54.--		
" 18,30 Selbsthilfe	57.15 ab 163.35		1095.48
3.Dachdeckerarbeiten		312.72	
Pos.5 fällt aus	12.-- ab 12.--		300.72
4.Klempnerarbeiten		119.74	119.74
5.Installationsarbeiten		258.09	258.09
6.Tischler-u.Glaserarb.		672.25	
Pos.4 nur einfach	100.--		
" 8,12 fällt aus	130.-- ab 230.--		442.25
7.Schlosserarbeiten		137.10	
Pos.14 fällt aus	27.--		
Selbsthilfe	50.-- ab 77.--		60.10
8.Ofenarbeiten		318.60	
nur 1 transp.Herd und			
1 eis.Stubenofen			160.--
9.Elektr.Lichtanlage		146.50	146.50
10.Malerarbeiten			160.--

                   " 6.239.67

d) Nebenanlagen u.Beschleusung   1136.55
Pos.1-5 fällt aus   340.--
" 8-15 Selbsthilfe   469.10
"16,21,22 fällt aus 128.50
Ausschachtg.Selbsth.   40.50 ab 878.10   " 258.45
Anschluß für Gas u.Wasser   150.--
" " elektr.Licht   50.--   " 200.--

e) mittelbare Baukosten (Bauleitung, Licht-
pausen,Zwischenkreditzinsen etc.)   " 281.88

           Gesamtbaukosten   Rm 9.000.--

Finanzierungsnachweis:

Landeskulturrente	Rm 1.020.--
I.Hypothek	" 3.500.--
Reichsbaudarlehen	" 1.500.--
Eigenkapital: Bauland 1000 u.bar 1980.-	" 2.980.--
Summe	Rm 9.000.--

Dresden im Juli 1933.

Häuser für die Bau- und Spargenossenschaft – Meißen.
Ein sehr knapp gehaltenes Auftragsschreiben für die Anfertigung von Zeichnungen und Kostenvoranschlägen von der **Bau- und Spargenossenschaft
für Meißen und Umgebung e.G.m.b.H.** und einige vielleicht dazugehörige
Fotos wurden in Waloscheks Nachlass gefunden. Offensichtlich wurde 1933
versucht, möglichst unauffällig den Architekten Kießling und Waloschek („Wal-

Bau- und Spargenoſſenſchaft
für Meißen und Umgebung, e.G.m.b.H.

Geſchäftsſtelle: Guſtav-Graf-Str.34
Fernſprecher Nr. 3234
Stadtbank Meißen, Konto Nr.2078   Meißen, den 30.März   193 3.

            Herrn
               Kießling u.Walloscheck
                        Dresden.

               Erteilen Jhnen hiermit den Auftrag zur Anfertigung
        von Zeichnungen und Kostenanschläge.
        1.Erdgeschoßgrundrisse für 6 Häuser als Übersichtsplan.
        2.Eingabezeichnungen und Kostenanschläge für 3 Häuser.

                        Hochachtungsvoll

                        Bau- u. Spargenossenschaft
                        für Meissen u. Umg.
                              E. G. m. b. H.
                        Geschäftsstelle Gustav Grafstr. 34
                              Ruf 3234.

loscheck") Aufträge zu erteilen. Es ist zur Zeit noch nicht bestätigt, ob diese Vorhaben mit einer von Dr.-Ing. **Claus-Dirk Langer** erkannten Wohnzeile in der Ossietzkystraße (Meißen-Triebischtal) in Zusammengang stehen.

Eines der Fotos des Gebäudes, das eventuell der Bau- und Spargenossenschaft für Meißen und Umgebung e.G.m.b.H. in der Ossietzkystraße zuzuschreiben ist.

Quellenangaben

[AS30] **„Allgemeiner Sächsischen Siedlerverein, e.V."** (ASSV): Broschüre „Siedlung Dresden-Trachau", 12 S. A5 quer, 1930, Faksimile in **[WHww]**.

[BR91] **Benz-Rababah, Eva:** „Leben- und Werk des Städtebauers Paul Wolf", Dissertation an der Universität Hannover (1991) mit der Quellenangabe: DB – Deutsche Bauzeitung, Band 63, 1929, Beilage Wettbewerbe, S. 80-84.

[Br06] **Brendler, Klaus:** „Richard Rösch – eine Biographie" in „Die Nordwest Rundschau" (Dresden), 2006, Nr. 3, S.4. **[WHww]**

[Br06a] **Brendler, Klaus:** „Hans Richter – eine Biographie" in „Die Nordwest Rundschau" (Dresden), 2006, Nr. 4, S.4. **[WHww]**

[Da00] **Dähmlow, Silke:** „Das Wohlfahrtsforum in Brandenburg", Magisterarbeit am Kunsthistorischen Seminar der Philosophischen Fakultät III der Humboldt Universität Berlin, Februar 2000.

[Da01] **Dähmlow, Silke:** Doktorarbeit an der Humboldt Universität Berlin, angemeldeter Arbeitstitel „Der Architekt Willi Ludewig - Bauten zwischen Weimarer Republik und lateinamerikanischen Exil".

[DI08] **„jn Deutscher Immobilien GmbH"** (Geschäftsführer Thorsten Jungfer): „Komfortwohnungen am Volkshaus Riesa" im Internet: <www.deutscher-immobilien.de>, Aug. 2008.

[FD05] **FDGB-Lexikon der Friedrich Ebert Stiftung,** Arbeitsversion 2005, Karl Kamp, Kurztext (library.fes.de/FDGB-Lexikon).

[GE31] **GEWOG-Dresden (Hrsg.):** „Die Gewog-Wohnung – 1931", Faltblatt 3 x A4, Faksimile in **[WHww]**.

[Ka08] **Kaden, Dirk:** „Der DEWOG-Verbund 1924-1932" (TU-Berlin, in Arbeit) mit einer Ref. aus der Zeitschrift „Wohnungswirtschaft": Jahrgang 8.1931, Heft 3, 1. Febr. 1931, S. 50ff.

[La06] **Langer, Claus-Dirk:** „Architekturführer Meissen – Die Bauten von A bis Z", (s. www.ab-langer.de) 2006, ISBN: 978-3-00-018806-0.

[Le09] **Lechner, Gert:** „Auf den Spuren eines Wiener Architekten" in der Sächsischen Zeitung (SZ), Dresdner Geschichte, 23. März 2009, S. 20.

[Lo00] **Löwel, Karl Heinz:** „Zur Baugeschichte der Großsiedlung Trachau", S. 14 bis 30 in **[St00]**, s. auch Deutsches Architektenblatt DAB (5/97, S. 676-677) in „GEWOG-Bauten" in **[WHww]**.

[Lo67] **Löffler, Fritz:** „Hans Richter" in „Baumeister - Zeitschrift für Architektur, Planung, Umwelt", 1967, S. 1304, Faksimile in **[WHww]**.

[Lo96] **Löwel, Karl Heinz:** Kürzere Fassung von **[Lo00]**, Beilage zur Trachauer Bürgerzeitung (TBZ) Nr. 41, Aug. 1996 (5 Seiten, A4), Faksimile in **[WHww]**.

[Lo97] **Löwel, Karl Heinz:** „Dresden und die Neue Sachlichkeit – die Großsiedlung in Dresden-Trachau", Deutsches Architektenblatt (DAB), 5/97, S. 676-677, Faksimile in **[WHww]**.

[Lu50] **Ludewig, Willi:** „Lebenslauf", Typoskript des Autors, 62 S., 1950, original Durchschlag in **[WaHH]**, Faksimile in **[WHww]**.

[Mu07] **Müller, Manfred:** „Am Volkshaus wird gebaut", Beitrag in der Riesaer Zeitung (in der SZ) vom 28. Oktober 2007.

[Re99] **Rein, Horst R.:** Kommentierte Auszüge aus **[WH29]** und **[WH31]** in der Trachauer Bürgerzeitung Nr. 61, Juli 1999, S. 8 und 9 , Faksimile in **[WHww]**.

[St00] **Steglich, Walter und Obenaus, Maria (Hrsg.)** „Die Großsiedlung Dresden-Trachau – Geschichte und Sanierung", veröffentlicht von der „Wohnungsgenossenschaft Trachau-Nord eG" (WGTN) und dem „Deutschen Werkbund Sachsen e.V.", Sandstein Verlag, Dresden, 124 S., (2000), ISBN 3-930382-44-X.

[Vo30] **Volkshaus Riesa GmbH (Hrsg.):** „Festschrift zur Eröffnung des Volkshauses Riesa am 1. März 1930". Faksimile in **[WP01]** und in **[WHww]**..

[WaHH] **Waloschek Archiv:** Über 2400 Briefe und 400 Dokumente aus der Familiengeschichte (30 Ordner) die zur Zeit (2009) in Hamburg gelagert sind. Der Hauptteil besteht aus dem Nachlass von Hans Waloschek.

[WH29] **Waloschek, Hans:** „Die erste Flachdachsiedlung in Dresden", in der Zeitschrift „Sächsische Siedlung", 7. Jahrgang, Nr. 10 (5. Okt. 1929). S. auch **[Re99]**.

[WH31] **Waloschek, Hans:** „Die Flachdachsiedlung ‚Sonnenlehne' in Dresden-Trachau", Zeitschrift „Sächsische Siedlung", 1931. S. auch **[Re99]**.

[WH32] **Waloschek, Hans:** „Das vollmassive Einfamilienhaus" in den „Nachrichten der Deutschen Linoleum-Werke A.-G." Nr. 21, S. 9 bis 11, 1932. Faksimile in **[WHww]**.

[WHww] **Waloschek, Hans:** „Die Hans Waloschek Fundgrube", Faksimiles interessanter Dokumente in: **<www.waloschek.de/hans.htm>**

[WJ01] **Waloschek, Jutta und Pedro:** „Der Architekt Hans Waloschek - Sein Leben und sein Werk", Stand 2002, in **[WP01]**, S. 81-105.

[WJ99] **Waloschek, Jutta und Pedro:** „Wer war der Architekt Hans Waloschek?", Beilage zur Trachauer Bürgerzeitung (TBZ) Nr. 61, Juli 1999 (8 Seiten, A4), Faksimile in **[WHww]**.

[Wo30] **Wolf, Paul:** „Das neue Sachsen", Dresden-Hellerau 1930, zitiert in **[St00]**. S. 115.

[WP01] **Waloschek, Pedro (Hrsg.):** „Das VOLKSHAUS RIESA und sein Architekt" u.a. mit dem Faksimile der Einweihungsbroschüre **[Vo30]**. BoD-Verlag, April 2001, ISBN: 3-8311-1810-8, 120 S.

[WP07] **Waloschek, Pedro (Hrsg.):** „Der schlaue Turm von RIESA – Wissenswertes über den VOLKSHAUS-Bau" BoD-Verlag. Juli 2007, ISBN: 978-3-8370-0247-8.

[WP08] **Waloschek, Pedro und Jutta:** „Das Schicksal der Walos – Zwei Wiener im Ausland", BoD-Verlag Nr.0005250838, Juni 2008, 294 Seiten, nur im BoD-Buchshop zu bestellen.

[WP08a] **Waloschek, Pedro (Hrsg.):** „Der Architekt Hans Waloschek – Sein Leben und seine Freunde" BoD-Verlag, Dez. 2008, 128 S. ISBN: 978-3-8370-8084-1. Frühere Kurzfassungen (**[WJ99]** und **[WP01]**) befinden sich in **[WHww]**.

„Der Architekt HANS WALOSCHEK"

Sein Leben und seine Freunde

zusammengestellt und herausgegeben
von Pedro Waloschek

128 Seiten, 22 x 17 cm, Paperback, 62 Abb.
BoD GmbH Norderstedt (2008),
ISBN 978-3-83708084-1
im Buchhandel und in Internet-Shops
zu bestellen (10,- Euro)

Inhaltsverzeichnis:

„Das VOLKSHAUS RIESA und sein Architekt"

Eine Informationsschrift
zusammengestellt und herausgegeben
von Pedro Waloschek

120 Seiten, 22 x 17 cm, Paperback, 79 Abb. (9,- Euro)
BoD GmbH Norderstedt (2001), ISBN 978-3-8311-1810-8
im Buchhandel und in Internet-Shops zu bestellen

Das VOLKSHAUS RIESA
und sein Architekt

Eine Informationsschrift
Zusammengestellt und herausgegeben
von Pedro Waloschek

Atelier OpaL Productions

Inhalt:

Vorwort von Heike Berthold
Persönliche Bemerkungen von Pedro Waloschek
Einführung von Russell Bevington
Faksimile der Festschrift zur Eröffnung 1930 (63 S.)
Das Leben des Architekten Hans Waloschek (Kurzfassung)
Dokumente aus dem Nachlass des Architekten

„Der SCHLAUE TURM von RIESA"

Wissenswertes über den
VOLKSHAUS-Bau 1928-1932

zusammengestellt und herausgegeben
von Pedro Waloschek und Heike Berthold

61 Seiten, 22 x 17 cm, Paperback, 50 Abb. (6,- Euro)
BoD GmbH Norderstedt (2007), ISBN 978-3-8379-0247-8
im Buchhandel und in Internet-Shops zu bestellen

Inhalt:

Weitere Bücher von Pedro Waloschek
die im Buchhandel und in Internet-Shops bestellt werden können.
S. auch <www.waloschek.de>:

„Wörterbuch Physik"
5500 Begriffe, mit englisch-deutschem Verweisregister
TOSA-Verlag, Wien (2006), Hardcover, 586 S., 128 Abb.
ISBN 978-3-85003-025-0, (9,95 Euro),
Auch **auf CD**, Digitale Bibliothek, ISBN 978-3-898534540 (15,- Euro)

„Todesstrahlen als Lebensretter"
Tatsachenberichte aus dem Dritten Reich
BoD (2004), 240 S., A5, Hardcover, ISBN 978-3-8334-0979-7 (34,- Euro).
Paperback, ISBN 978-3-8334-1616-5 (15,90 Euro)

„Rolf Wideröe über sich selbst"
Leben und Werk eines Pioniers des Beschleunigerbaues und der Strahlentherapie
BoD (2004), Hardcover, 203 S., A5, ISBN 978-3-8334-0804-9 (33,- Euro)

„Rolf Wideröe"
A Pioneer of Particle Physics and Radiation Therapy (Revised)
BoD (2007), Paperback, 200 p., A5, ISBN 978-3-8370-0557-8 (16,- Euro)

„iutta in Farbe"
116 ihrer Werke (in Farbe)
BoD (2004), Paperback, 108 S., A5, ISBN 978-3-8334-1497-9 (22,- Euro)

„iutta und die Physiker"
95 Zeichnungen
BoD (2005), Paperback, 108 S., A5, ISBN 978-3-8334-2849-X (8,- Euro)

„Die Malerin Astrid Grauer"
63 ihrer Werke (in Farbe)
BoD (2005), Paperback, 71 S., A5, ISBN 978-3-8334-4342-1 (14,- Euro)

„iutta und die Musiker"
172 Zeichnungen
BoD (2007), Paperback, 160 S., A5, ISBN 978-3-8334-9495-6 (12,- Euro)

Nur im BoD-Buchshop und beim Autor zu bestellen:
„Das Schicksal der Walos"
Zwei Wiener im Ausland
BoD (2008), Paperback, 294 S., 19x12 cm, BoD 0005250838 (20,- Euro)

In Vorbereitung:

Auf den Spuren des Architekten Hans Waloschek

Seine Bauvorhaben in Südamerika

Essigfabrik
HÜSER-Vinagres
in Buenos Aires.

Papierfabrik COPACA
in Quilmes (Buenos Aires)

Stahlwarenfabrik
JOHNSON ACERO
in Quilmes (Buenos.Aires.)

Luxusvilla in Córdoba

Ausbildungszentrum Taraco in Perú

Pedro Waloschek, 1929 in Dresden geboren (Österreicher), promovierte in Physik und Mathematik an der Universität Buenos Aires. Nach zwei Jahren am MPI-Göttingen unterrichtete er an den Universitäten von Bologna und Bari, wo er auch habilitiert wurde. Seit 1968 einer der leitenden Wissenschaftler bei DESY in Hamburg. Ist Autor oder Koautor in über 100 wissenschaftlichen Veröffentlichungen auf dem Gebiet der Teilchenphysik. Nach 1980 hat er sich zunehmend der allgemeinverständlichen Darstellung seines Faches gewidmet. Im Ruhestand wurde er als Buchautor und Herausgeber tätig, auch für seine Freunde und Verwandten.